你所不知道的国家一级博物馆

人民日报海外版文艺部 主编

人民日报出版社

北京

图书在版编目（CIP）数据

你所不知道的国家一级博物馆 / 人民日报海外版文艺部主编 . —北京：人民日报出版社，2020.6
 ISBN 978-7-5115-6369-9

Ⅰ.①你… Ⅱ.①人… Ⅲ.①博物馆—介绍—中国 Ⅳ.① G269.26

中国版本图书馆 CIP 数据核字（2020）第 051969 号

书　　　名：	你所不知道的国家一级博物馆
	NI SUO BUZHIDAO DE GUOJIA YIJI BOWUGUAN
主　　　编：	人民日报海外版文艺部
执 行 主 编：	邹雅婷
出 版 人：	刘华新
策　　　划：	盛若蔚
责 任 编 辑：	宋　娜　刘思捷
书 籍 设 计：	秦志超
出版发行：	人民日报出版社
社　　　址：	北京金台西路 2 号
邮政编码：	100733
发行热线：	（010）65369527　65369846　65359509　65369510
邮购热线：	（010）65369530　65363527
编辑热线：	（010）65369521
网　　　址：	www.peopledailypress.com
经　　　销：	新华书店
印　　　刷：	北京中科印刷有限公司
法律顾问：	北京科宇律师事务所　010-83622312
开　　　本：	880mm×1230mm　1/32
字　　　数：	225 千字
插　　　图：	259 幅
印　　　张：	9
版　　　次：	2020 年 6 月第 1 版　2024 年 12 月第 5 次印刷
书　　　号：	ISBN 978-7-5115-6369-9
定　　　价：	68.00 元

一个博物馆就是一所大学校

序言

越来越多的人喜欢走进博物馆,博物馆正成为大众喜爱的公共文化空间。博物馆里收藏的文物,通过展览陈列、媒体传播、文创开发等多种形式,走近大众生活,在新时代绽放出新的光彩。

博物馆不仅仅是收藏、保管、展示文物的场馆,更是社会体系中不可缺少的重要组成部分,是连接历史与当下生活、连接公众与多元文化的纽带。博物馆要发挥好文化和教育功能,为广大观众尤其是年轻人打开尘封的历史,解读厚重的文化,就需要用生动的语言、新颖的形式来讲述文物的故事,吸引更多人走进博物馆,爱上博物馆。

目前,全国共有5000多家博物馆,其中国家一级博物馆有130家。除了故宫博物院、中国国家博物馆等大家很熟悉的博物馆,还有许多分布在全国各地的国家一级博物馆,有的知名度还不是特别高,它们需要更多的讲述和传播,增进公众对它们的了解和关注。

人民日报海外版文艺部主编的《你所不知道的国

家一级博物馆》,以生动活泼的语言和丰富精美的图片,介绍了36家国家一级博物馆。除了讲述博物馆藏有哪些珍宝,书中对于博物馆举办的文化活动也有所着墨,让读者对这些博物馆有了较为全面的了解。

  在2020年国际博物馆日来临之际,《你所不知道的国家一级博物馆》即将付梓出版,希望此书能让更多人了解中华大地上灿若繁星的文化遗产,能为保护文化遗产和传承中华文明发挥积极作用。

单霁翔

(中国文物学会会长、故宫博物院第六任院长)

目录

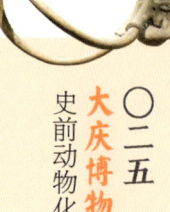

〇〇九 **恭王府博物馆**
文旅融合的活态文化空间

〇一七 **天津自然博物馆**
见证百年前科考传奇

〇二五 **大庆博物馆**
史前动物化石的视觉盛宴

〇三三 **沈阳故宫博物馆**
这座故宫不一样

〇四一 **旅顺博物馆**
中国近代史的一页书签

〇四九 **东北烈士纪念馆**
为黑土英魂树一座丰碑

〇五七 **鄂尔多斯博物馆**
聆听草原文明牧歌

〇六五 **吐鲁番博物馆**
沙漠里的国家宝藏

〇七三 **宁夏固原博物馆**
丝路重镇 文明交响

○九三 **宝鸡青铜器博物院**　『青铜史诗』铸周礼

○八五 **西安半坡博物馆**　诉说人类文明的童年

○七九 **西安博物院**　十三朝古都的璀璨记忆

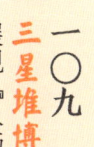

一一七 **成都金沙遗址博物馆**　探寻神秘的古蜀王都

一○九 **三星堆博物馆**　展现『人与神』的世界

一○一 **大唐西市博物馆**　丝路起点上的繁华集市

一四一 **邯郸市博物馆**　八千年文化一朝赏

一三三 **自贡恐龙博物馆**　带你走进侏罗纪世界

一二七 **自贡市盐业历史博物馆**　传承两千年井盐文明

目录

一四九 **青岛市博物馆**
大海边的文化明珠

一五七 **烟台市博物馆**
文明流淌　胶东寻迹

一六五 **潍坊市博物馆**
海岱遗珍　丹青荟萃

一八九 **南阳市汉画馆**
深沉雄大扬汉风

一八一 **开封市博物馆**
承载八朝古都的厚重与华彩

一七三 **青州博物馆**
古城藏宝世所稀

二二一 **苏州博物馆**
一流建筑举办一流展览

二〇三 **南通博物苑**
开中国博物教育之先河

一九七 **安徽中国徽州文化博物馆**
梦里徽州此处寻

二二九 **常州博物馆** 常博一甲子 阅尽六千年

二三七 **扬州博物馆** 广陵技艺传千古

二二三 **荆州博物馆** 楚都故地 珍品荟萃

二四一 **武汉博物馆** 江城古今 尽在其中

二四七 **武汉市中山舰博物馆** 十年磨一"舰" 英气传千古

二五五 **长沙简牍博物馆** 千年风华留汗青

二六三 **宁波博物馆** 港城文艺"打卡"地

二六九 **温州博物馆** 感受温州"商魂" 领略瓯越文化

二七七 **泉州海外交通史博物馆** 面向海洋的科技人文之光

恭王府博物馆

文旅融合的活态文化空间

恭王府博物馆

来北京的人，对什刹海附近的恭王府景区大概不会陌生。恭王府始建于清代乾隆晚期，距今240余年，是目前北京保存最完整且唯一向社会开放的清代王府古建筑群，2012年被评为国家5A级旅游景区。但很多人不知道，恭王府也是文化和旅游部下属的国家一级博物馆。自2008年全面开放以来，恭王府博物馆致力于打造文化和旅游有机融合的综合性公共文化机构，近几年每年都迎来约400万人次参观。

建筑端丽秀雅

走进恭王府，你一定会被这端丽秀雅的古建筑群深深打动。恭王府占地面积约6.1万平方米，格局为前府邸、后花园，建筑形制多样，结合了中国古代官式建筑与南北方民居建筑的特色。恭王府博物馆馆长冯乃恩认为，作为遗址类博物馆，恭王府博物馆最大的藏品就是王府建筑本身，具有很高的历史价值和艺术价值。

从乾隆朝的和孝公主府及和珅宅第，到嘉庆、道光朝的庆王府，

大戏楼 恭王府博物馆 供图

再到咸丰以后历经四朝的恭亲王府,这座建筑见证了中国最后一个王朝的鼎盛以及逐步走向衰败灭亡的过程,因此有"一座恭王府,半部清朝史"之说。

大戏楼、西洋门和后罩楼堪称恭王府建筑"三绝"。

大戏楼建于同治年间(1862—1874年),建筑面积685平方米,采用三卷勾连搭全封闭式结构,是中国现存最大的全封闭式清代戏楼。室内棚顶悬挂着20盏大宫灯,青砖地面上摆放着20套八仙桌与太师椅,高约1米的戏台上方挂着"赏心乐事"金字黑匾。戏台两侧大柱、四壁与顶部绘满缠枝藤萝,营造出绿叶森森、紫花盛开的景象,使人有在紫藤架下看戏的感觉。大戏楼的声音效果尤其值得称道。为了保证声音逼真,戏台下掏空后放置多口大缸,增大了共鸣混响空间,让观众无需借助任何传声工具,在戏楼里的任一位置都能清晰听到演员的演唱。1988年,时任新加坡总理李光耀访华期间,曾到恭王府大戏楼欣赏王府音乐,在近两小时的演出中,李光耀先生对演出效果赞叹不已。

西洋门是恭王府花园的正门,由汉白玉雕砌,形制仿圆明园大法海园门,呈西洋拱式风格。这是恭王府内唯一的西式建筑,为恭亲王奕䜣所建,体现了奕䜣希望通过学习西方文化技术挽救清朝之意。

后罩楼位于府邸和花园的衔接处,东西长达189米,是国内王府类建筑中最长的楼。后罩楼西端的5间房称为"水法楼",这里有国内唯一的室内园林景观遗存。两个楼层之间去除楼板,将亭台楼阁和假山溪流等搬进屋内,颇具雅韵。

锡晋斋也是恭王府中别具特色的建筑。它曾是和珅住所,当时称"嘉乐堂",在庆王和恭亲王时称"庆宜堂",到小恭王溥伟时,因斋内存有晋代大文人陆机手书《平复帖》,改称"锡晋斋"。殿堂内装饰有两层金丝楠木仙楼,名贵的金丝楠木千年不腐,木作工艺精美绝伦,奢华程度堪比故宫宁寿宫。小恭王溥伟对锡晋斋十分喜爱,曾在仙楼北部四面楠木墙上题写春夏秋冬四季诗。

藏品皆有故事

1937年以后,恭王府成为辅仁大学校舍,私属宅园时代结束。新中国成立后,恭王府曾先后作为北京艺术学院、中国艺术研究院、中国音乐学院等单位的教学和办公场

◉ 西洋门 恭王府博物馆 供图

◉ 锡晋斋 恭王府博物馆 供图

所。历经多年的搬迁腾退及修缮工作，2008年，恭王府终于以完整的面貌呈现在世人面前。

由于溥伟将府中珍宝几乎变卖殆尽，恭王府留下的旧藏很少。目前，恭王府博物馆藏品大约有5万多件套，主要有明清家具、溥心畬（yú）书画、近年回流的王府旧藏以及一些现当代艺术品和非遗作品。

溥心畬（原名爱新觉罗·溥儒，初字仲衡，改字心畬）是奕䜣次孙，自幼饱读诗书，20世纪30年代画名已与张大千、吴湖帆比肩。1949年，溥心畬出海舟山，远居台湾。恭王府博物馆收藏的溥心畬书画作品共计34组60件，是1989年由溥心畬生前好友万公潜捐赠的。这些书画表现了溥心畬的艺术风格和思想情感，也见证了溥心畬与万公潜的交往故事。

据冯乃恩介绍，目前，大概有200多件恭王府旧藏分散在世界各地，其中最著名的陆机《平复帖》，现藏于故宫博物院。

近年回流的恭王府旧藏中，清康熙郎窑红荸荠瓶、白玉鸟形对盒和苍龙教子纹盖瓶堪称精品。这几件藏品均是根据《纽约一九三三AAA恭亲王竞卖》图录购得，造型典雅，工艺精巧，具有较高价值。

后罩楼夜景　恭王府博物馆 供图

福字碑是恭王府中一件重要的文物。它位于花园假山秘云洞内，根据康熙皇帝的御笔刻成。康熙帝书法造诣颇深，但很少题字，此"福"字据传是他为孝庄太后祈福所题，苍劲有力，构思巧妙，可分解为"多田多子多才多寿"，有"天下第一福"之誉。

除了福字碑，恭王府内还有多福轩、蝠池、蝠厅等，许多建筑上也都以蝠纹装饰，体现了恭王府主人对福文化的推崇。如今，恭王府博物馆将福文化发扬、拓展，依据福字碑等文物推出一系列富有特色的文创产品，很受欢迎。

文旅融合创新

一般的博物馆主要以物质性藏品为馆藏资源，但恭王府的文化遗产除了建筑、藏品等实物外，还包括丰富多彩的文化活动。恭王府博物馆致力于打造活态文化空

艺人为福字碑拓片　恭王府博物馆 供图

◉ 清白玉鸟形对盒　恭王府博物馆 供图

间,让建筑遗址成为流淌着血脉的生动文化载体。

以王府文化为核心,恭王府博物馆策划了一系列常设展览,包括主题展和复原陈列展。主题展都与恭王府历史、文化相关,如清代王府文化展、恭王府历史沿革展、恭王府与红楼梦专题展、恭王府修缮实录展等。复原陈列展则是根据历史档案、老照片等复原一些殿堂内的陈设,展现清代同治、光绪时期恭王府的风貌。

恭王府博物馆还与国内外博物馆合作,举办一些与王府文化有关联的特展。2019年9月开幕的"17—21世纪丹麦王公贵族织绣品展",即与丹麦菲德烈堡国家历史博物馆合作,在清代王府内展示丹麦王室用品,形成别开生面的中西文化对话。

作为国家非物质文化遗产展示保护基地,恭王府博物馆经常举办非遗方面的展览,如"广作华章——广绣历史文化与传承展""绩续——夏布技艺传承与文化生活展"等。除了静态展示,还推出一系列精彩的品牌活动。每年"文化遗产日"期间,恭王府都会举行"非遗演出季",邀请名家在大戏楼表演昆剧、古琴、南音等。"锦绣中华"非遗服饰秀用时尚的方式展示非遗在现代服饰中的应用。恭王府博物馆还配合二十四节气举办"春分祈福""中秋寄唱"等活动。

2011年起,历史上名动京城的"海棠雅集"重现恭王府。诗

恭王府博物馆 供图

清康熙郎窑红荸荠瓶

恭王府博物馆 供图

苍龙教子翡翠纹盖瓶

词名家齐聚府中，吟诵唱和，弘扬传统文化，歌咏时代新风。"海棠雅集"至今已成功举办8届，由叶嘉莹先生担任"海棠诗社"社长。

冯乃恩指出，当前国家倡导文旅融合，恭王府博物馆在这方面具有得天独厚的优势。只有充分研究、挖掘王府文化内涵，提升旅游参观过程中的文化含量，打造富有影响力的文化IP和内涵化、品质化、生活化的文创产品，才能让观众把恭王府的特色文化带回家。

(邹雅婷 文)

天津自然博物馆

见证百年前科考传奇

天津自然博物馆

天津五大道以小洋楼闻名中外。有处小楼很隐蔽，却非常值得一看。它位于天津外国语大学校园内，看似不起眼，却曾享誉世界。

它的名字叫北疆博物院。

北疆博物院是天津自然博物馆的两个馆区之一，与位于天津市文化中心的新馆相距3公里，南北相望，各有各的特色。

2019年10月公布的第八批全国重点文物保护单位中，北疆博物院旧址在列。这座有着近百年历史的老建筑，见证着法国博物学家桑志华在中国的科考传奇。

博物馆发展史上的"活化石"

红墙，白窗，墨绿窄门，眼前这座造型简洁的三层小楼，就是北疆博物院旧址。

小楼由三部分组成。北楼建于1922年，陈列室后建，与北楼西端相接，1928年对外开放。1929年再建南楼，与北楼通过廊道

◉ 北疆博物院旧址　龚相娟 摄

连接，呈"工"字型布局。

　　窗户很高，利于采光。窗台、窗框都是白色，每扇窗户外有4根白色竖条，既能起到防盗作用，又显得美观。不同于一般的窗户，这里的窗玻璃直接嵌入墙中，防潮且防震。

　　从小楼西侧走进陈列室，一进门就遭遇视觉冲击。

　　正中位置，一人多高的玻璃柜里立着巨大的野驴骨架，上方悬挂着巨型剑齿象头骨化石。

　　两个玻璃长柜像透明的火车车厢，装着巨型动物标本。四周靠墙皆为壁挂式展柜，摆放着地质学和古生物学系列标本。展柜两侧有多排圆孔，可以根据展品大小调节隔板高度。

　　向左转，进入库房。这里的库房是开放式的。一侧靠墙立着木制标本储藏柜。拉开抽屉，玻璃盒里的标本栩栩如生。库房楼梯口设吊装滑轮，通过柳条小筐传送标本，省去上下楼搬运之劳。展厅里的铁柜和库房里的木柜，都是北疆博物院创始人桑志华用

动物化石陈列　龚相娟 摄

天津自然博物馆

过的，现在依然能正常使用。

2015年年底，北楼及陈列室进行修缮和陈列复原，2016年1月向公众开放。2018年10月，南楼修缮后开放。

除了恢复原实验室、图书室、古生物库房外，南楼利用当年部分库区作为展陈空间，通过桑志华留下的历史照片、绘制的地图、采集的标本等，展现他在中国黄河以北广袤地区25年的科考历程。

如今，北疆博物院是国内唯一一座原址、原建筑、原藏品、原展柜、原文献资料保存完好的百年博物馆，被称为中国近代博物馆发展史上的"活化石"。

填补中国旧石器考古空白

天津自然博物馆是首批国家一级博物馆之一，两处馆区共藏有生物标本36万件。北疆博物院旧址区的藏品主要包括地质学系列、古生物系列和现生动植物标本。这些标本的积累主要归功于博物院

◉ 庆阳出土的旧石器时代的石核和石片 天津自然博物馆 供图

◉ "河套人"牙齿模型 天津自然博物馆 供图

创始人桑志华。

1914年,法国博物学家桑志华带着对东方大陆的好奇来到中国。他是第一个在中国组织大规模野外发掘的科学家。在华25年,桑志华足迹遍布华北、东北和西北地区,行程近5万公里,采集到20余万件自然历史标本,并在天津创立了中国北方第一座自然博物馆——北疆博物院。

在南楼二层中央展柜里,有几件古老的石器意义非凡。它们是中国境内第一批有确切记录的旧石器时代人工制品。

1920年,桑志华在甘肃庆阳考察时,发现一块旧石器时代石核,随后又发现两件旧石器时代石片。庆阳的发现叩开了中国旧石器时代考古研究的大门,打破了此前外国专家提出的中国北方不可能有旧石器的论断。

最靠里的展柜放着两枚小小的牙齿化石模型,分别展示齿面和冠面。这是北疆博物院收藏的珍贵文物之一——"河套人"牙齿模型。

1922年,桑志华在内蒙古萨拉乌苏采集到一颗门齿化石,后经加拿大人类解剖学家步达生鉴定为旧石器时代晚期人类的牙齿化石,并定名为"河套人"牙齿。这是中国境内首次发现的古人类化石,中国的古人类研究由此揭开序幕。

桑志华依据这些重大发现出版的著作、刊物,被列入世界自然

天津自然博物馆新馆家园·生命展区 天津自然博物馆 供图

科学文献宝库。收藏着桑志华发掘成果的北疆博物院,享有极高的国际声誉,在20世纪二三十年代跻身世界一流博物馆。

抗日战争爆发后,野外采掘被迫中断。1938年,桑志华返回法国。北疆博物院停止了野外考察工作,将少数标本转移至北京。后来"河套人"牙齿原件不知去向,北疆博物院现存这两枚是从原件翻制的模型。

全景式展示自然家园

桑志华离开后,把标本留在了中国。他写道:"我坚持的一贯原则是,所有被发现的这些世上仅有的古生物文物必须要留在发现地。"

新中国成立后,北疆博物院由私立津沽大学代管。1951年,天津市委宣传部接收了北疆博物院。1952年,在北疆博物院基础上成立天津市人民科学馆,后更名为天津市自然博物馆。

2014年,天津自然博物馆新馆开放,总建筑面积3.5万平方米,展示面积1.4万平方米。展览分三层,一层为"家园·探索"展区,二层是"家园·生命",三层是"家园·生态"。

　　如果说北疆博物院旧址偏重于科研,那么天津自然博物馆新馆更倾向于科普,每年有100多万青少年到这里参观学习。天津自然博物馆副馆长王凤琴介绍,新馆以"家园"为主题,是国内第一个主题单元化、全景式展示,集自然探索、科学体验、科学教育于一体的自然史博物馆。

　　一层"探索"展区设有巨型恐龙骨架和国内首个博物馆内的活体蝴蝶园,此外还有科普剧场。博物馆工作人员编排了《欢乐的海洋》《小蝴蝶成长记》《来自猩猩的你》等科普剧,寓教于乐,实现知识性、趣味性、互动性的良好融合。

二层"生命"展区展出古生物化石、岩矿及现生动植物标本近万件。墙上展示着地球历史演化图,便于观众理解标本所处的地质年代。整个"生命"展区从头到尾是连贯的。从地球上出现生命开始,把古生物、动物、植物的发展和演化用一条线串了起来。

三层"生态"展区汇聚了美国慈善家肯尼斯·贝林捐赠的200多件世界珍稀野生动物标本和馆藏大熊猫、金丝猴等珍稀动物标本。这些标本不是简单地罗列,而是把它们放在所处的生态环境里展现。通过仿真景观和声光电等现代展示手段,还原野生动物真实的生活场景,让观众有身临其境的感觉。

(龚相娟 文)

天津自然博物馆新馆展示的恐龙骨架

天津自然博物馆 供图

大庆博物馆

史前动物化石的视觉盛宴

大庆博物馆

大庆,一座年轻而又古老的城市。

说她年轻,是因为"先有石油,后有大庆",很多人一提起大庆,第一印象便是石油,大庆油田开发至今不到60年,而大庆建市的历史就更短了。说她古老,那话可就长了——在第四纪更新世长达200多万年的漫长岁月里,这里曾被辽阔的松辽古大湖所覆盖;及至距今2万年左右的晚更新世末期,巨兽猛犸象主宰这片土地,披毛犀和东北野牛也不甘寂寞、跃跃欲试;再后来,第四纪全新世时期古代先民曾在这里打制精美的石器,依岗为猎、傍水而渔,又从石器时代迈入青铜时代,留下人类史上灿烂的白金宝文化……

如今,大湖、巨兽和先民都已走入历史的深处,但在大庆博物馆,观众却可以探寻到东北第四纪的奥秘——在这里,丰富的馆藏化石无声地诉说着往昔的故事;别出心裁的布展,将一幅关于东北第四纪自然、动物与人的多彩图景,渐次铺陈开去……2017年,大庆博物馆因极富特色的东北第四纪哺乳动物化石收藏、陈列被评为国家一级博物馆。

猛犸象化石收藏最全

甫一进入大庆博物馆,眼前的景象便会让人驻足不前——大厅中央是三组惟妙惟肖的猛犸象、披毛犀和东北野牛大型雕塑,背后一面呈现东北第四纪图景的巨大环形浮雕将它们包围,它们的脚下则是第四纪地层中化石埋藏场景的复原……这些元素无声地告诉参观者,这座博物馆将要为你呈现一场史前动物的视觉盛宴。

这三种动物是第四纪时期我国东北地区著名的猛犸象—披毛犀动物群的主要成员。第四纪是漫长地球历史的最新一章,在这一时期,现代生物群落的格局最终形成。第四纪也是人属的灵长类祖先由猿演变为人的时期,因此,研究第四纪具有重要的意义。

由于大庆乃至整个东北平原都广泛分布着该动物群的动物化石,于是2002年大庆博物馆就与中科院地质专家共同组建了东北

大庆博物馆镇馆之宝——真猛犸象化石骨架　柯仲甲　摄

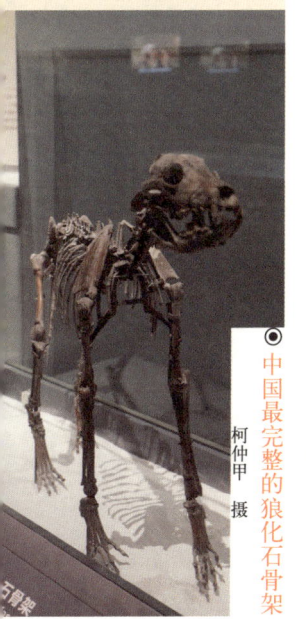

中国最完整的狼化石骨架　柯仲甲　摄

第四纪哺乳动物课题研究组,将收藏保护研究大庆出土的第四纪古生物化石作为主要目标。这不仅保护了珍贵的化石资源,也填补了国内系统性收藏第四纪古生物化石的空白。

大庆博物馆坚持依物建馆的原则,经过十多年的努力,取得了丰硕成果——博物馆总建筑面积1.87万平方米、展厅面积1.2万平方米,馆藏化石达到20多万件。中外专家目前研究发现第四纪猛犸象—披毛犀动物群共45种动物,大庆博物馆就展陈了43种,是全国乃至世界上收藏该动物群化石种属最全、数量最多、品质最好的博物馆之一。馆藏数十头完整的猛犸象骨架、数十头完整的披毛犀骨架及上百具东北野牛、王氏水牛骨架及大量最后的斑鬣狗骨架,其中有100余具真骨含量超过70%的完整骨架。这些系统性的化石收藏,为开展相关研究提供了丰富的材料支撑。

化石陈列令人震撼

大庆博物馆二层展厅的东北第四纪哺乳动物陈列是展馆的核心,也是对慕名而来的观众最有吸引力的地方。

"太震撼了!第一次看到那么多完整的猛犸象化石骨架,真是大饱眼福。""百闻不如一见!猛犸象不愧是史前巨兽。"让观

众不由发出赞叹的,正是由 12 具猛犸象化石骨架组成的庞大象群,而这也是大庆博物馆的镇馆之宝——两具化石含量达 90% 以上的真猛犸象化石骨架,也是这群象的首领。其中一具镇馆之宝真猛犸象化石骨架高昂着头颅,一对长且弯曲的象牙直往上冲,似乎要和敌人一决高下。该具化石骨架身高 4.5 米、体长 7.5 米,2009 年出土于黑龙江省青冈县,整体脊椎骨、肢骨、肋骨、脚趾骨保存都十分完整,是迄今为止国内发现的最完整且个体最大的真猛犸象化石骨架。

与庞大象群比邻而居的是该动物群的另一重要成员——12 具披毛犀化石骨架,犀牛们首尾相衔,正在"溪流"边闲适地觅食。沿着犀牛觅食的"溪流"往前去,便来到了"丰富的动物种群"展区。在这个展区里,观众们可以看到猛犸象—披毛犀动物群中啮

50 余具野牛化石营造的『群牛奔袭』场景

柯仲甲 摄

齿目、食肉目、兔形目、奇蹄目和偶蹄目等众多动物的化石和标本，其中包括出土于大庆境内的中国最完整的狼化石骨架、中国最完整的最后的鬣狗化石骨架，因其化石含量均达 90% 以上且属于同一个体，被誉为"神州第一狼"和"中华第一鬣狗"。

在"繁盛的草原大军"展区，50 余具牛化石骨架营造出一幅极为壮观、极具动态的"群牛奔袭"场景，似乎将观众带到了万年前的那片旷野之中，给人以强烈的视觉冲击力；100 多个形态各异的野牛头骨化石组成的化石墙，则静静地伫立一旁，与狂奔的牛群相映成趣。动静结合，参观者无不为之击节称赞。

二层展厅里别具一格的化石陈列，让观众仔细端详、流连忘返，而这也正是大庆博物馆的初心所在。让化石成为整个陈列的最厚重的语言，让观众能够通过观察化石，体悟动物种属的微妙变化，感受自然环境与动物之间的密切联系。这是大庆博物馆的匠心所在。

近年来，为了让更多观众能够了解这些第四纪的动物和历史，广泛传播科学知识，大庆博物馆下了不少工夫：比如前往广东、广西等地开展东北第四纪哺乳动物化石巡展；又比如为本地的中小学生定制研学课程，通过在博物馆实地参观、学习，激发青少年探索自然奥秘的兴趣。

研究第四纪就是研究人类自己

大庆博物馆以东北第四纪古动物化石的收藏陈列见长，却又不止步于此——以东北第四纪哺乳动物化石陈列为核心，大庆博物馆将东北第四纪的环境变迁、动物生息与人类生活融为一体，形成了自洽的陈列逻辑。

在博物馆一层展厅的东北第四纪自然环境陈列中，观众可以通过观看科普短片、穿越湖底隧道景观等，了解大庆及东北亚地区自然环境的变迁过程。在一个直长形的展厅里，一侧是长达47米的地层岩芯标本，另一侧则通过机械沙盘模型和科普展板相互配合的形式，向观众讲述东北第四纪松辽古大湖是如何形成又如何消亡的；在这长达200多万年的时间里，环境和气候又是如何变化的……细细体味这一系列问题，观众在参观二层的东北第四纪哺乳动物陈列时，便能理解那些远古动物是如何从繁盛归于消亡的。

都说大庆是个年轻的城市，但实际上她的历史久远厚重。博物馆三层的大庆地区远古人类文明陈列集中展示了大庆地区白金宝遗址、小拉哈遗址出土的文物，包括精美的陶鬲（lì）、细石器等，反映了该地区古代先民的文明程度。一个个透明的玻璃展柜里，摆放着大量形态各异、精美细致的石镞、石核、石叶、刮削器、剔挖器、雕刻器等文物，让观众能够对先民的生活生产方式有一个直观的感受。

尤其值得一看的是该展区的白金宝遗址陈列。该遗址位于黑龙江省肇源县民意乡白金宝屯，遗址范围南北长450米，东西宽400米，分布面积约18万平方米，是一处规模宏大的中心聚落遗址。白金宝是松嫩平原上第一次正式科学发掘的、具有浓郁地方特色的青铜文化遗址，对于研究松嫩平原以及整个东北地区的青铜时代文化，都具有重要的学术价值。

参观完三个基本陈列，仿佛从万年前归来。此刻，再次回到大庆博物馆宽阔的一层大厅，又会有另一番耐人寻味的感受——巨兽们曾在第四纪的旷野上呼风唤雨，最终还是抵不过自然的力量，被掩埋在泥土中。

或许，这才是大庆博物馆的东北第四纪陈列给我们最大的启示：人类诞生且依然生活在第四纪，人类当前主宰着这片土地，但我们应该时刻保持对自然的敬畏，与自然和谐相处。从这个意义上看，研究第四纪，就是研究我们人类自己。

（柯仲甲　文）

沈阳故宫博物馆

这座故宫不一样

沈阳故宫博物馆

提起故宫,大多数人会想到北京那座气势恢宏的明清皇家宫殿。而在辽宁沈阳,也有一座故宫。它是清代定都沈阳后至迁都北京前的帝王宫殿,又称盛京皇宫,与北京故宫并称为中国现存两大宫殿建筑群,入选世界文化遗产名录。

早在20世纪20年代,沈阳故宫就被辟为博物馆并开放参观。2019年10月,随着大清门东侧的太庙完成修缮并开放展览,沈阳故宫实现100%对公众开放。作为收藏明清历史与艺术精品的国家一级博物馆,沈阳故宫博物馆以其珍贵的古建筑、富有特色的文物藏品吸引着海内外观众。

三个皇帝分期建造

"沈阳故宫自努尔哈赤后金天命十年也就是1625年始建,至乾隆四十八年即1783年基本建成,共经历努尔哈赤、皇太极、乾隆三个建造时期,历时158年。"沈阳故宫博物馆馆长李声能介绍。

沈阳故宫占地面积超 6 万平方米，共有古建筑 114 座、房间 500 余间，按照建筑布局和建造先后，分为东、中、西三路。

东路为努尔哈赤所建的大政殿和十王亭。大政殿为八角重檐攒尖式建筑，为皇帝举行大型庆典和集会时使用，也是皇帝与八旗诸王和大臣议政之处。1644 年，顺治皇帝在此登基继位。

大政殿东西两侧有 10 座大小形制完全相同的亭子，称为十王亭。离殿最近、略微向前突出的两座为左右翼王亭，其余八亭呈雁翅状排列，东为镶黄、正白、镶白、正蓝四旗王亭，西为正黄、正红、镶红、镶蓝四旗王亭。"八旗亭是各旗官员处理本旗日常事务的衙署。"李声能说，"大政殿与十王亭的布局，与满族皇帝和八旗旗主出征狩猎时扎设营帐的排列方式一致，体现了清朝八旗制度的文化特色。"

中路又称皇太极皇宫，自 1627 年开建，由"前朝"和"后寝"组成。南半部为"前朝"，即皇帝处理政务、接见使臣及举办庆典之处。大清门北侧正面的崇政殿为沈阳故宫正殿，即皇太极时期的"金銮殿"。1636 年，后金改国号为大清的大典就在崇政殿举行。乾隆、嘉庆、道光几位皇帝东巡盛京期间都曾坐在殿里接受群臣朝贺。

崇政殿北侧为凤凰楼，这是沈阳故宫最高的建筑。楼下层是进入寝宫区的通道，中层和上层是皇帝后妃便宴和读书之处。凤凰楼北侧正面为清宁宫，其东间为皇太极与皇后博尔济吉特氏哲哲的寝宫。

乾隆行宫分两期修建。1748 年在中路两侧建成东、西二所，东所为皇帝东巡时皇太后居住之地，西所为帝后行宫。1781 年，乾隆帝下令修建嘉荫堂和文溯阁等建筑，形成后来的西路。文溯阁是收藏《四库全书》之所，皇帝驻跸期间在此读书。

沈阳故宫虽为分期建造，但最终形成一个主次地位分明、功

● 大政殿与十王亭 沈阳故宫博物馆 供图

● 大政殿 沈阳故宫博物馆 供图

● 崇政殿 沈阳故宫博物馆 供图

沈阳故宫博物馆

◉ 凤凰楼 沈阳故宫博物馆 供图

能区分严谨、整体构图统一的有机整体。皇太极即位后突出中路，东路改为礼仪大典之用，而乾隆帝建造的行宫虽然造型和装饰接近北京故宫，但殿顶琉璃瓦没有采用北京皇宫的满堂黄，而是与盛京皇宫早期建筑保持一致，采用黄心绿剪边。

如今，沈阳故宫内大多数宫殿根据历史档案《黑图档》进行复原陈列，让观众得以窥见几百年前清朝皇宫的真实面貌。

凸显满族建筑特色

作为清代早期皇宫，沈阳故宫建筑具有鲜明的满族文化特点。

与北京故宫"宫低殿高"的建筑格局截然相反，沈阳故宫为"宫高殿低"的形制，凤凰楼前的崇政殿高 11.85 米，楼后的清宁宫高 16.33 米，5 座寝宫均建于高台上，四周围以 2.4 米高的院墙。这种建筑格局与满族人的生活习惯有关——满族人早期主要在山区生活，形成了高处建房的习惯，可以躲避野兽、防范敌人。努尔哈赤迁都沈阳后，沿袭了这一习惯。由于沈阳是平原城，故夯土筑台，将寝宫建于高台之上。

"口袋房，万字炕，烟囱立在地面上。"这句老话描述的满族传统民居特点，在清宁宫体现得格外明显。清宁宫宫门不开在正中

中路全景 沈阳故宫博物馆 供图

间,而在偏东的东次间,整套房间形似口袋,是为"口袋房"。侧开门使清宁宫分为东稍间和西四间两部分,东稍间为皇太极与哲哲的寝宫,又称暖阁。暖阁由间壁分成南北二室,两室均有炕,称为龙床。西四间为宽敞的堂屋,是皇太极举行家宴的地方和萨满祭祀的神堂。西四间搭设有南、西、北三面相连的转弯炕,称为"万字炕"。其南端设有肉案,北端有两口煮祭肉的大锅。炕内有连接锅灶的烟道,用来烧火取暖。烟囱不在房顶,而是建在室外西北侧地面上,状如小塔,又称"跨海烟囱"。清宁宫前的院子里竖立着萨满教举行祭天典礼使用的索罗杆,这也是满族民居的标志物之一。

观众评选心爱文物

清代康熙、乾隆、嘉庆、道光4位皇帝东巡拜谒祖陵期间,每次都要在沈阳故宫驻跸。与此同时,大量皇室用品和宫中珍藏被运至沈阳,从而使沈阳故宫成为清代皇家文物收藏宝库。1914年,北洋政府建立"内务部古物陈列所",沈阳故宫收藏的11万余件皇家珍宝被运往北京。新中国成立后,经故宫博物院、南京博物院、上海文管会等单位多次调拨和数十年持续不断的文物征集、社会捐赠,沈阳故宫形成了独具特色的馆藏系列。

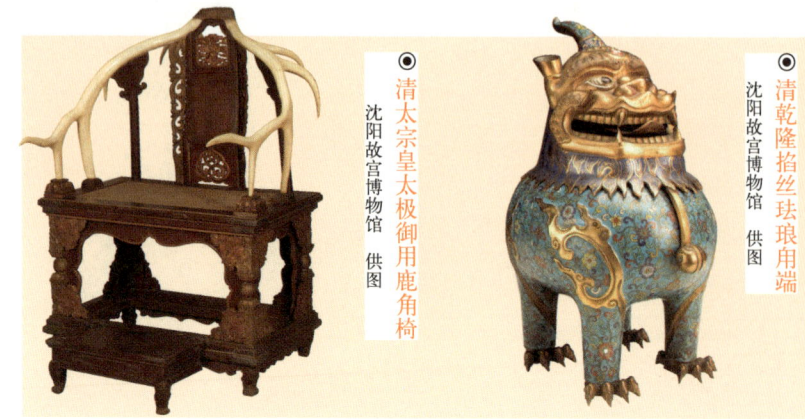

◉ 清太宗皇太极御用鹿角椅 沈阳故宫博物馆 供图

◉ 清乾隆掐丝珐琅甪端 沈阳故宫博物馆 供图

沈阳故宫博物馆现藏文物10.5万件,种类丰富,尤以清代宫廷用品、清代官窑瓷器、明清书画艺术品见长,其中一级文物206件。

2019年,沈阳故宫博物馆精选100件馆藏文物展出,邀请观众在微信平台投票评选"沈阳故宫百姓最喜爱的三件文物"。经过几个月的评选,清太宗皇太极御用鹿角椅、清金漆九龙"紫气东来"匾、清乾隆掐丝珐琅甪(lù)端脱颖而出。

鹿角椅相传由皇太极所猎之鹿制成,后又经乾隆帝修饰并雕以御制诗文,堪称沈阳故宫博物馆的镇馆之宝。椅上部以鹿角制成扶手和靠背,下部为木制,椅心为棕绳编织,四腿外加护板并浮雕花卉,涂以金红色漆。椅背正中刻有乾隆御制诗,表达对先祖的怀念敬仰:"弯弓曾逐鹿,制器拟乘龙。七宝何须羡,八叉良足供。库藏常古质,山养胜新茸。那敢端然坐,千秋示俭恭。"

"紫气东来"匾悬挂于凤凰楼正门上,由清宫内务府制造、乾隆皇帝亲笔御题,具有极高的历史价值和文化价值。匾外框浮雕金漆云龙纹饰,9条龙首采用圆雕工艺,生动灵活。匾心为洋蓝色,中间镶有铜制乾隆帝御笔行书"紫气东来"四字,题字上部中央镶阳文篆书"乾隆御笔之宝"玺印。

清乾隆御笔"紫气东来"金漆赶珠龙纹匾
沈阳故宫博物馆 供图

　　甪端是古代传说中的瑞兽，形似麒麟而只有一只角。明清时期，常将甪端形状的香炉置于宫廷大殿内。沈阳故宫这对乾隆时期的甪端，头部稍向上仰，两排整齐的牙齿间调皮地伸着舌头，短颈周围是披肩般整齐的蓝色描金头鬣，脸部、颈部、足爪等处为鎏金，独角和身体为豆绿色珐琅釉地，嵌以精美的缠枝花卉纹，因造型生动可爱受到观众欢迎。

　　近年来，沈阳故宫博物馆不断扩大开放面积、增加展陈文物，举办"沈阳故宫讲坛"等社教活动，让文化遗产发挥出更大的社会价值。2019年，沈阳故宫博物馆参观人次达254.1万，同比增长24%，创历史新高，"万紫千红——中国古代花木题材文物特展""金玉满堂——沈阳故宫的奢华典藏"等展览取得良好反响。

（刘洪超　文）

旅顺博物馆

中国近代史的一页书签

旅顺博物馆

一座旅顺口，半部近代史。坐落于大连市旅顺口区历史文化街区太阳沟的旅顺博物馆，创建于1917年，是东北地区最早的博物馆，是中国博物馆发轫的见证。它与大连这座城市共度风雨，折射并铭记着中国近代史的变迁。

百年沧桑 历经俄日管辖

通常所讲的旅顺博物馆百年是以1917年4月1日为起点，而追溯旅顺博物馆的建馆历程，还要从沙俄租界旅大时期说起，远远不止103年。旅顺博物馆副馆长房学惠认为。自1991年从南开大学毕业后，房学惠就一直在旅顺博物馆工作，她对馆史、馆藏如数家珍。早在1899年12月，沙俄驻旅大首任总督阿列克谢耶夫上任，在其主持制订的《旅顺新市街设计方案》中，规划在旅顺新市街中央修建一个大型广场，广场南端拟建"将校集会所"，这就是今天的旅顺博物馆馆址。不久，日俄战争爆发，"将校集会所"仅完成了基础部分就被迫停止。"将校集会所"的设计者为俄国设计师

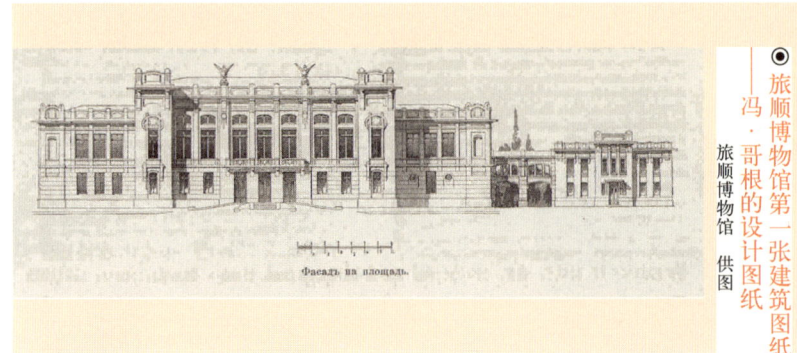

旅顺博物馆第一张建筑图纸——冯·哥根的设计图纸

旅顺博物馆 供图

冯·哥根。今天我们仍能看到冯·哥根的设计图纸，也可以说是旅顺博物馆的第一张建筑图纸。

日俄战争结束后，日本取代沙俄获得了在旅大地区的租借权和东北地区的铁路经营权。1906年9月，日本在旅顺成立军政一体的殖民统治机构"关东都督府"。1915年11月26日，根据日本关东都督府令，在千岁町原俄清银行旧址（今旅顺万乐街33号）成立"物产陈列所"，展出图书和少量调查收集来的文物，从而形成了创建博物馆的基础。1916年11月，"物产陈列所"改称"关东都督府满蒙物产馆"，迁入松村町新馆址（今旅顺列宁街22号，后改称"考古分馆"），1917年4月1日正式对外开放，由于此时具备了藏品、展览、观众三大要素，标志着旅顺博物馆正式建立。

1916年11月，关东都督府投资20余万日元，在大迫町（今旅顺列宁街42号）原俄国"将校集会所"建筑基础上兴建博物馆大楼，也就是今天的旅顺博物馆主馆。1918年4月工程基本完工，时称"本馆"。该建筑由关东都督府土木课建筑技师松室重光主持设计，是一幢融古希腊、古罗马、文艺复兴和东方建筑特色为一体的近代折衷主义建筑，也是大连近代建筑的优秀代表。1918年4月改称"关东都督府博物馆"，1919年4月易名"关东厅博物馆"，1934年关东州厅迁往大连，博物馆以地名命名，改称"旅顺博物馆"。

1919年关东厅博物馆北向立面 旅顺博物馆 供图

1945年8月15日,日本战败。8月22日,苏联红军解放旅大。同年10月,苏联驻军指挥部派员接管旅顺博物馆,改名为"旅顺东方文化博物馆"。苏联派出考古学家前来指导工作,对馆内藏品进行了简单整理。1951年,根据中苏两国有关协议,苏军将博物馆移交给中国政府。

回归后的旅顺博物馆,从1952年春天开始全面开展工作,各方面都发生了质的飞跃。这一年10月,"旅顺东方文化博物馆"改名"旅顺历史文化博物馆"。1953年,旅大市人民政府将博物馆划归旅大市文教局行政管辖,自此,旅顺博物馆成为大连市属的博物馆。同年,时任国家文物局副局长王冶秋来旅顺博物馆指导工作,在全面考察旅顺博物馆的基础上,指出旅顺博物馆应该"以各时代的艺术品组成历代艺术综合陈列",从而确定了旅顺博物馆为历史艺术性博物馆的性质。1954年4月1日,经旅大市人民政府批准,"旅顺历史文化博物馆"改名为"旅顺博物馆"。时任中国社会科学院院长郭沫若题写了馆名。

藏品珍贵 入选首批一级馆

百年历史发展奠定了旅顺博物馆丰厚的藏品资源,博物馆现有馆藏文物6万余件,文物资料30余万件,包括以"大谷收集品"

为主的丝绸之路文物和以罗振玉旧藏品为主的中国古代艺术品两大体系。全部藏品按照质地和出土地域分为20个类别，涵盖青铜器、陶瓷器、玉器、书画、印章、钱币、甲骨、石刻、竹木牙雕、文献档案、外国文物、大连地方考古品等。

在丰富而独具特色的馆藏中，"大谷收集品"是较早入藏的一批文物，因其数量众多、价值珍贵而占有重要地位。1902年至1914年间，日本大谷光瑞探险队三次前往中亚、巴基斯坦、阿富汗、印度、中国新疆和甘肃敦煌等地考查古迹、搜集文物，其所获文物资料的一部分在其1915年移居旅顺时被带到这里，1929年作价卖给"关东厅博物馆"。这些文物以佛教文物为主，包括各种材质的佛教绘画和雕塑、不同功能的佛教用具。

其中最有价值的是出土于吐鲁番等地的各种佛经典籍，其中有已知世界上最早的汉文写经——西晋元康六年《诸佛要集经》断片，有被确定为公元5世纪的、最接近鸠摩罗什《妙法莲华经》译本原典的梵文写本断片，还有世界上仅存三个完整敦煌本《坛经》中

古印度犍陀罗石雕佛头像
旅顺博物馆 供图

学术价值最高的后周显德六年《六祖坛经》等。古印度佛教石刻也是大谷收集品的一部分,从公元2至3世纪犍陀罗艺术,到公元6至8世纪笈多艺术,完整地反映了佛教艺术早期发展的基本状况。这也是目前中国国内唯一一宗该专题的文物收藏。

罗振玉是中国近代学术史上一位百科全书式的人物,在诸多领域有着开创性的贡献。从1928年举家迁居旅顺,到1940年病逝,罗振玉在旅顺生活了12年,其晚年的许多重要著作都是在这里完成的。1945年苏军进驻旅顺后,因罗振玉的私宅和"大云书库"被征用,致使罗家大部分文物古籍散失流落。<mark>因罗振玉与旅顺的特殊关系,他旧藏的大量文物借地缘之便或以民间征集或以政府拨交的方式存藏在旅顺博物馆</mark>,也正因如此,旅顺博物馆成为目前国内保存罗氏旧藏文物的重要机构。据统计,旅顺博物馆共收藏罗氏旧藏古器物3500余件、甲骨2200余片、内阁大库档案约230件(册)、古籍图书总数达1200种4000余册。其中,馆藏青铜器就是以罗氏旧藏为基础,深刻浸润着20世纪初文物收藏重铭文、

西周过伯簋
旅顺博物馆 供图

轻鉴赏的时代特点，许多器物以记史证史见长。如反映西周昭王时期周天子率诸封国南征楚国的《过伯簋》、记录春秋时期吴王梦寿对外征伐史实的《冉钲》、铭铸秦始皇廿六年统一度量衡40字诏文的权器和量器等。这些在学术界历来作为从不同角度证信史事、补苴（jū）古书缺佚的珍贵资料。

大连地方出土文物是大连地区近百年来考古工作的生动诠释，也是大连古代文明的见证。馆藏大连地方文物上自旧石器时代，下至明清，形成了一个完整的序列，反映了辽东半岛文明的独特气质，是研究大连及东北历史的第一手资料。

馆藏明清书画精品纷呈，自成体系，其中部分作品为清宫散佚书画，因其保存完好、题跋精详、传承有绪而备受关注。如明代沈周的《青园图》、文徵明的《老子像》、唐寅的《松林扬鞭图》等都具有重要的历史价值与艺术价值。康熙皇帝跋《兰亭序》、跋《曹娥碑》及临王羲之、米芾、苏轼、赵孟頫、董其昌等历代书法名家的墨迹，对研究清代书法更是难得的珍贵史料。馆藏的宋代苏轼《阳羡帖》和元代刘秉谦《竹石图》也曾是清宫收藏，堪称书画收藏领域的珍稀品和孤品。

近些年，旅顺博物馆藏品保管工作不断向科学化、信息化发展，建立了文物数据管理系统和馆藏文物管理达标规范体系，并对文物库房进行改造扩建。2013年9月，新库房投入使用，馆藏新疆干尸、古籍善本等珍贵文物得到了科学保护。如今，100岁的旅顺博物馆依然生机勃勃，向游客们述说着历史更迭和文化流传的故事。

（王金海　文）

北宋苏轼《阳羡帖》旅顺博物馆 供图

轼虽已买田阳羡,然亦未尝伏腊
禅师前所言下伏乞
得之面议试
为经度之及景纯家田亦为议
过之面得之此不详言也冗事时
凑不深叙迟
想
轼亲剳

东北烈士纪念馆

为黑土英魂
树一座丰碑

东北烈士
纪念馆

雪白的外墙，精致的雕花，门前6根高大的科林斯柱令人一望便心生敬畏。在黑龙江省哈尔滨市一曼街与景阳街交叉的三角形路口，矗立着这座竣工于1931年的欧式古典主义建筑。它的门楣上写着7个金色的大字：东北烈士纪念馆。

为了纪念在战争中牺牲在东北大地上的万千英雄，1948年10月10日，东北烈士纪念馆——这一由中国共产党领导建成的全国首个革命纪念馆正式开放。70多年来，英雄们的名字被反反复复念起，英雄们的事迹被一次次讲述，每位参观者都献上了内心最崇高的敬意。

从"魔窟"到爱国教育基地

"当歌曲和传说都已沉默时，建筑还在诉说。"要讲述东北烈士纪念馆的故事，就不得不先讲讲这栋建筑的历史。

1928年的中国处在北洋军阀统治末期。当年6月，奉系军阀首领张作霖在国民党北伐军的压力下退出北京，向东北收缩。

1928年6月4日凌晨,张作霖由北京返回奉天。当他乘坐的火车专列行驶到皇姑屯附近时,被日本关东军预先埋好的炸弹炸毁。张作霖身受重伤,当日逝世。

而正在这一轰动中外的事件发生3天前,在哈尔滨,一座"东省特别区图书馆"开始动工修建。这栋建筑的设计者是俄罗斯籍犹太裔设计师尤·彼·日丹诺夫,他一生在哈尔滨居住了37年,是哈尔滨城建史上最重要的设计师之一。

1931年这座图书馆落成。其外观大气雄伟,内部共有3层,包括地上两层和地下一层。然而,在动荡的年代,一栋建筑的命运亦是多舛。图书馆落成不久,尚未来得及启用,"九一八"事变爆发,随即日本侵略者占领了哈尔滨。1933年,图书馆被占用为伪满洲国哈尔滨警察厅,从此这里成为日本侵略者残害爱国志士的魔窟。"伪警察厅里有会议室、办公室,还有临时的关押室、牢房和刑讯室,可以说是一张魔网,统治、辐射整个黑龙江地区。我们熟知的抗日英雄赵一曼就曾被关押在这里。为了纪念她,纪念馆门前的这条街后来被命名为'一曼街'。"东北烈士纪念馆副馆长王冬娓娓道来。

纪念馆地下一层是"伪满洲国哈尔滨警察厅旧址及罪恶展",可以让人们真切地感受那段沉痛的历史。展览分为"魔网""罪恶""覆灭"三部分,展示了伪满洲国哈尔滨警察厅当年的残暴统治。墙上一排排黑白照片,记录着当年这里的统治者们犯下的罪行以及他们被审判的时间。逼仄阴暗的关押室里摆放着一张硬板床,沉重的铁门上挂着一把锈迹斑驳的大锁,1936年7月赵一曼就被关押在这间小屋里。

不远处就是更为可怖的半地下室刑讯室。昏暗的灯光中,成排的刑具挂在墙壁上,投下长长的阴影。一个身着日伪军装的审讯者手里正握着一根铁链,叉着腰站在角落。他脚下有一道暗红的血迹一直延伸到门口。面对如此真实的情景还原,哪怕是全然不了解这段历史的参观者也会不寒而栗。

1946年哈尔滨解放后,时任中共中央东北局副书记罗荣桓建议将这一伪警察厅改为东北地区烈士纪念馆,1948年向公众开放。而今,这栋饱经沧桑的建筑是国家一类保护建筑,也是全国爱国主义教育示范基地,向人们诉说着那段浸透血泪的过往。

"母亲用实行来教育你"

纪念馆地下展厅记录着伪满统治者罄竹难书的罪恶,地上两层展览的主题则是缅怀英雄。

一二层共同展出"黑土英魂——东北抗日战争和解放战争时期烈士事迹陈列"。展览全面反映了抗日战争和解放战争时期,为民族独立、人民解放而牺牲在东北以及在东北有过重要活动和突出贡献的英雄烈士的感人事迹。该陈列按时间顺序分为8个部分,通过600余张照片、400余件文物,突出展示了280位烈士的事迹。

我们的参观从二层的抗日战争部分开始。展柜里摆放着英雄们用过的衣物、枪支,墙上挂着一位位烈士的照片、画像,下方写有他们英雄事迹的介绍和生卒年月。战争是残酷的,而信仰是坚定的,许多烈士牺牲时不过十几二十岁,令人唏嘘。

跟随着讲解员的脚步,我们首先走向赵一曼烈士的展区。赵一曼是中国共产党党员、抗日民族英雄,曾担任东北抗日联军第三军二团政委,于1936年8月被捕就义。她的故事是展览中介绍最为详尽的一个。

这片展区两侧墙上挂着多幅赵一曼生前的照片,其中最大的一幅是赵一曼坐在藤椅上,一个小孩子依偎在她怀中,那是她的儿子宁儿。正前方是一面黑色的墙,嵌着赵一曼的汉白玉半身塑像。塑像下方刻着几行字,这是赵一曼赴刑场就义前留给孩子的一封短信。信中写道:"母亲因为坚决地做了反满抗日斗争(编者按:这

◉ 杨靖宇铜雕《脊梁》 李贞 摄

◉ 赵一曼塑像 东北烈士纪念馆 供图

里的"反满"指反伪满洲国），今天已经到了牺牲的前夕了。母亲和你在生前是永久没有再见的机会了。……母亲不用千言万语来教育你，就用实行来教育你。"

当参观者走到赵一曼的塑像近前，对面的灯光便自动投射到塑像上，赵一曼的衣服变成蓝色，脸开始泛红。同时响起了一个低沉的女声，诉说赵一曼留下的这段遗言。这让观众仿佛走进了历史现场，真实地感受到赵一曼慷慨赴死的勇气和对孩子依依不舍的心情。

塑像右侧有一个展示窗，透过窗口望进去，里面是一节老式火车车厢的样子，赵一曼的塑像坐在座位上，神情凝重，面前的小桌板上放着笔和信笺。这个展示空间叫做《最后的叮咛》，由一间小办公室改造而成，展示了赵一曼在被送往刑场的火车上，准备写下遗言的场景。

往前走进下一展区，只见一座高大威武的人物雕塑立在展厅正中央。这是抗日英雄杨靖宇的塑像，也是目前国内最大的一尊杨靖宇室内铜像，高 4.2 米，重 1.25 吨。他头戴棉帽，目光威严，像是屹立在风雪呼号的战场上。塑像周身凹凸不平，有着类似树皮般的纹理，看上去仿佛英雄杨靖宇是从巨木中生长出来一般。这个雕

情景还原《最后的叮咛》 东北烈士纪念馆 供图

塑叫做《脊梁》。杨靖宇将军是东北抗日联军的主要创建者和领导人,是顶天立地的英雄,所以将他塑成一棵大树的模样。

展厅中,生动还原烈士形象和生平事迹的景观还有很多。呼啸的风声中,雪压松枝。东北抗日联军杰出领导人之一魏拯民,拿着一件大衣为站岗的战士披上。这处景观名为《关怀》,讲述的是魏拯民虽然身患重病,但仍处处以身作则、关心爱护战友的故事。东北抗联的作战环境就是在这样的冰天雪地之中,非常艰苦。1935年东北抗联与中共中央失去联系以后,就像魏拯民给中央代表的报告中写的那样,"有如在大海中失去舵手的小舟,有如双目失明的孩提,东碰西撞,不知所从。"可见他们当年坚持斗争的确十分不易。

在心中种下信仰的种子

走到一层展厅,这里主要介绍的是解放战争时期牺牲的英雄。

展柜中叠放着一块旧毛毯,旁边摆放着一个小相框,里面是周恩来与邓颖超的合影。这些物品原来都属于曾任松江军区司令员的卢冬生。卢冬生1945年牺牲在哈尔滨。他曾与周恩来并肩战斗,这张照片是周恩来赠给卢冬生的。

杨子荣使用过的皮带、董存瑞获得的毛泽东奖章,还有很多烈

◉ 董存瑞获得的毛泽东奖章　李贞 摄

◉ 周恩来赠送给卢冬生的照片以及卢冬生用过的手章、毛毯　李贞 摄

士的手章、奖章和履历表等文物，都可以在东北烈士纪念馆看到。因为哈尔滨解放较早，很多军区把在东北三省牺牲烈士的资料、文物都捐给东北烈士纪念馆保存，所以馆藏解放战争时期的文物比较丰富。抗日战争时期牺牲烈士的文物和事迹，则花费了比较多的精力去收集整理。在建馆之初，纪念馆的专家到杨靖宇、赵一曼、杨子荣等烈士的家乡实地走访考证。因为很多烈士在战争时期使用化名，所以人们对应不上。当年杨子荣家乡的乡亲一度认为他是土匪，电影《赵一曼》都上映了，赵一曼的姐姐还不知道这讲的是自己妹妹的故事。经过多方走访、求证，专家们掌握了许多原始资料，将英雄们的故事不断完善并呈现给观众。

走进最后一个展厅，墙上一块长长的电子屏幕格外醒目。黑色的背景上飘荡着一条红色飘带，一张张烈士照片在屏幕上滚动出现。这是纪念馆新设置的"英名录"。馆藏的5万余名烈士信息，无论有名字还是没有名字、有照片还是没有照片，都汇集在这里了。在屏幕上，观众可以点击查询每位烈士的详细介绍，还可以献花表达缅怀之情。

为了将英烈故事讲述给更多人听，东北烈士纪念馆组建了流动展览小分队。多年来，小分队走进田间地头、工厂学校、边防哨所，宣讲英雄事迹，很多听众听得泣不成声。王冬认为，在当代，我们

东北烈士纪念馆英名录　李贞 摄

仍然需要革命精神的引领。英雄的故事就像一颗颗种子，应该种在更多人心中。参观东北烈士纪念馆、了解这段历史，就是在观众们心中种下信仰的种子，它能生发出强大的精神力量。

（李　贞　文）

鄂尔多斯博物馆

聆听草原文明牧歌

鄂尔多斯博物馆

提起鄂尔多斯，人们通常会想起丰富的煤矿和温暖的羊绒衫。殊不知，在这片富饶的土地上，还有很多珍贵的历史文化遗存。位于鄂尔多斯市康巴什区的鄂尔多斯博物馆，是内蒙古自治区继内蒙古博物院之后第二家国家一级博物馆。在这里，你可以走近古老神秘的萨拉乌苏文化，欣赏风格独特的鄂尔多斯青铜器，感受多彩的蒙古族民俗风情。

萨拉乌苏蜚声海外

在鄂尔多斯市康巴什城区中心，矗立着一座棕红色磐石般的建筑，它就是鄂尔多斯博物馆。该建筑由美籍华人马岩松设计，以鄂尔多斯地区特有的红色砒砂岩为造型，象征着鄂尔多斯人的坚毅精神。

鄂尔多斯博物馆前身是1963年成立的伊克昭盟文物工作站，建筑始建于2006年，2012年5月18日正式对外开放。建筑面积4.1万余平方米，设有7个专业展厅。馆藏文物18681件（套），其中

鄂尔多斯博物馆外观 肖勇 摄

珍贵文物 936 件（套）。馆内布置有 4 个基本陈列："农耕游牧·碰撞交融——鄂尔多斯古代史陈列""鄂尔多斯古生物化石展""鄂尔多斯蒙古族历史文化展""百年光影·见证鄂尔多斯——城市记忆珍藏展"，全面展示了鄂尔多斯的历史文化。

　　走进鄂尔多斯古代史陈列，首先看到一组打制石器和古人类化石，它们均出土于乌审旗萨拉乌苏遗址，是鄂尔多斯地区迄今所知最早的古人类遗存。20 世纪 20 年代，法国地质古生物学家桑志华和德日进在萨拉乌苏河谷发现大量动物骨骼、石制品和一枚幼儿门齿化石（The Ordos tooth）。这枚化石是中国境内发现的第一件有准确出土地点和地层纪录的人类化石，萨拉乌苏由此蜚声世界。50 年代开始，中国科考人员陆续在萨拉乌苏遗址发掘出更多化石。展厅里陈列的"河套人"头骨化石，就是 1956 年在萨拉乌苏河流域发现的，同时还发现了一段股骨。研究表明，"河套人"生活在距今 14 万—7 万年的晚更新世中晚期，体质特征属于晚期智人。

披毛犀化石骨架 鄂尔多斯博物馆 供图

相关发现和研究对于探讨亚洲古人类的演化过程、中国乃至东亚现代人的起源等问题具有重要意义。

除了人类化石外，萨拉乌苏还发现了种类丰富的动物化石，包括34种哺乳动物和11种鸟类，统称"萨拉乌苏动物群"。展柜中的河套大角鹿、王氏水牛、披毛犀等动物化石，正是萨拉乌苏动物群的重要代表。"在古生物化石展厅有一件披毛犀化石骨架，完整程度达95%以上，堪称我馆的镇馆之宝之一。"鄂尔多斯博物馆副馆长甄自明如数家珍。

青铜文化独具特色

在中国古代灿烂的青铜文化中，鄂尔多斯青铜器是一道独特的风景。它与人们熟悉的中原青铜器迥然不同，具有浓郁的草原文化特征。从19世纪末开始，中国北方长城沿线地带陆续出土大量以动物纹饰为特征的青铜及金银制品。因为在鄂尔多斯及其附近地区发现的数量最多、分布最集中，也最具典型性，按照考古学界命名的惯例，把它们称作"鄂尔多斯青铜器"。

中原商周王朝的青铜器主要作为礼器，而鄂尔多斯青铜器都是便于携带的小型实用器具，通常采用动物造型或纹样，按用途大体可分为兵器、装饰品、生活用具以及车马器。鄂尔多斯博物馆展示

◉ 青铜圆雕动物　鄂尔多斯博物馆 供图

◉ 铃首、动物纹柄首青铜刀　鄂尔多斯博物馆 供图

◉ 虎禽咬斗纹青铜牌饰　鄂尔多斯博物馆 供图

◉ 铃首曲柄青铜短剑　鄂尔多斯博物馆 供图

了各式各样的鄂尔多斯青铜器，包括青铜刀、青铜剑、带扣、牌饰、挂钩、铜铃、青铜鍑（炊具）等。

短剑是鄂尔多斯青铜器中最具特色的器物之一。它比中原地区青铜剑的长度明显要短，适于贴身搏斗，体现了游牧民族勇敢彪悍的精神。馆内收藏的铃首曲柄青铜短剑，通体色泽明亮，形态规整，铃首内铜球完好，震动时仍可发出悦耳的铃声，是难得的珍品。在各种形制的短剑中，铃首短剑时代最早，现存数量较少。铃首兼具装饰、响铃、祭祀法器等功能，此后的环首、动物形首等剑首主要是装饰功能。

展厅中心展柜一件精美绝伦的鹰形金冠吸引着人们的目光。它由金冠饰和金冠带两部分组成，上部的冠饰是一只展翅欲飞的雄鹰，脚下踩着雕有狼咬羊图案的半球体。下部冠带由浮雕的虎、马、羊和绳索纹图案组成。整个金冠反映了雄鹰俯瞰草原上虎狼噬咬马羊、弱肉强食的画面，造型生动，工艺精湛。这件金冠是1972年在鄂尔多斯杭锦旗的库布齐沙漠中发现的，专家考证为战国时期北方民族部落首领头饰，是迄今为止发现的唯一一套"胡冠"实物，堪称稀世珍宝。如今原件藏于内蒙古博物院。

鄂尔多斯博物馆收藏的一套匈奴贵族妇女金首饰，材质贵重、制作精美，融多种文化元素于一体，反映了当时不同文明间的交流。这套首饰包括头饰、耳坠和项饰三部分，主体风格及嵌蚌工艺受中原文化影响，其中的鹿纹金牌饰带有典型的草原文化特征，项饰上的琉璃珠、绿松石是盛产于中亚地区的物品，嵌琥珀珠、包金边以及联珠纹工艺等则是波斯及地中海一带西方古文明的特色。

游牧民族谱写传奇

鄂尔多斯处于蒙古高原与晋陕高原的交界地带，历史上很长时间是中原农耕王朝与北方游牧民族争夺的战略要地。秦汉王朝与匈

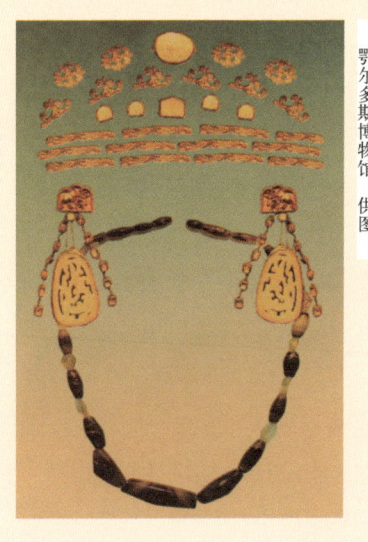

● 匈奴贵族妇女金首饰

鄂尔多斯博物馆 供图

● 鹰形金冠

肖勇 摄

奴、隋唐王朝与突厥、北宋与西夏、明朝与蒙古都在这里上演了一幕幕征战与和平的传奇故事。

北宋时期,鄂尔多斯主要属西夏管辖,留下了大批西夏窖藏瑰宝。鄂尔多斯博物馆展示了多件西夏文物,牡丹纹褐釉剔花梅瓶是其中珍品。这件瓷瓶为浅棕黄色胎,施褐釉,以剔釉露胎技法剔划出牡丹和奔跑的鹿等图案,颇具草原游牧民族特色。这是西夏文物中少见的精品,曾多次赴北京、上海等地和日本、美国、加拿大等国家展出。

1227年,成吉思汗率蒙古大军击败西夏,鄂尔多斯地区从此打上了蒙古族文化烙印。后来,祭奠成吉思汗的八白宫迁徙到这里,人们把这一地区称为"鄂尔多斯"(蒙古语意为"众多的宫殿")。设于博物馆三层的鄂尔多斯蒙古族历史文化展,梳理了800年来这片土地上与蒙古族有关的历史,展示了蒙古族妇女"头戴"、马鞍、酒壶等民族特色器物,讲述了成吉思汗祭祀、鄂尔多斯婚礼等独特

◉ 西夏牡丹纹褐釉剔花梅瓶
鄂尔多斯博物馆 供图

◉ 伊克昭盟盟长印——银质虎钮印
鄂尔多斯博物馆 供图

的文化习俗。展厅里有一枚珍贵的银质虎钮印,它是清乾隆皇帝授予伊克昭盟盟长的印信,见证了清廷在鄂尔多斯实行的盟旗制度。

　　自 2012 年开馆以来,鄂尔多斯博物馆共接待观众近 300 万人次,举办"流动博物馆""我们的节日""小小讲解员培训""宣教大课堂"等活动,取得良好反响。鄂尔多斯博物馆还在网上开设"八百年不熄的神灯""北方草原古代壁画精品展"等 4 个虚拟展厅,让观众足不出户就能 360 度全景欣赏展览。

(邹雅婷　文)

吐鲁番博物馆

沙漠里的国家宝藏

吐鲁番博物馆

世人皆道吐鲁番的葡萄甜,却很少有人知道中国最早的葡萄藤就收藏于吐鲁番博物馆。

吐鲁番位于新疆维吾尔自治区东部,是古丝绸之路上的重镇。几千年来商贸的沟通、文明的交流,在这里沉淀下丰富多彩的文化遗产。

各族人民的生活印记

吐鲁番博物馆始创于1956年,2009年9月,新馆建成并免费对公众开放。新馆占地面积30亩,陈列面积4278平方米,现有藏品20637件(套),珍贵文物707件(套),藏品分为29大类,包括石、陶、木、铜、铁、金、银器、钱币、毛麻丝织品、皮质品、木雕、泥俑、绘画、考古人类学标本、动植物化石标本、粮食、干果及各类食品等。现设吐鲁番巨犀化石展、吐鲁番出土钱币展等常设展览。

吐鲁番学研究学院技术保护所所长徐东良亲历了多件馆藏文

● 待加固的唐代泥塑佛头像　徐东良 供图

● 世界上现存最早的地毯：红黄蓝毛织物　李亚楠 摄

物的发掘。来到他的实验室，只见桌上有一尊待加固的佛头像。"这尊泥塑佛头，是在维护台藏塔的时候，被实施修复工程的民工发现的。"徐东良介绍。

新疆历史上曾盛行佛教，但经过千百年的战火和盗乱，此前在吐鲁番境内没有留存一件唐代以前的佛像。这尊佛头像的出现，终于填补了这一空白。

"这尊佛头像是唐代以前的造像，典型的犍陀罗风格，眉毛竖立，鼻梁高挺，五官集中，也受到了龟兹风格的影响。而龟兹风格，也被专家称作东犍陀罗风格。"进入专业领域，徐东良侃侃而谈。

说到吐鲁番，不能不提到葡萄，吐鲁番博物馆便收藏着一根2500年前的葡萄藤。

当时挖出来这根葡萄藤，徐东良也不知道是什么东西。但是雇来发掘的维吾尔老乡认识，他们世代种葡萄，一眼就认出这是一根红葡萄藤。经中科院鉴定，这根葡萄藤有2500年历史。这说明，早在2500年前此地就已种植葡萄，吐鲁番是当之无愧的葡萄之乡。

哪里才是地毯的故乡？各国专家众说纷纭，出土文物是最有力的物证。过去，学术界大多认为，20世纪20年代在阿尔泰山北麓巴泽雷克（今俄罗斯境内）发掘出土的栽绒毯，是世界上最早的栽绒地毯。

距今约2500年的箜篌

吐鲁番博物馆 供图

"突破点出现在2003年，鄯善县洋海Ⅰ号墓地出土了一件距今约2800年的栽绒毯。"徐东良指着展厅中一件红黄蓝毛织物说，"德国考古研究院经过研究断定，这是全世界现存最早的地毯。它的使用时间比较久，上面的毛已经磨损了，但可以看出是用剪刀扣法制作而成，其特点就是越拽越紧。"

展厅里另一件珍品是有着2500年左右历史的箜篌，2003年出土于洋海墓地。它由一整块胡杨木刻挖而成，包括音箱、颈、弦和弦杆几部分，弦首有明显的五道系弦的痕迹。

箜篌是一种古代的弹拨乐器，吐鲁番先民在举行重大礼仪，特别是原始宗教活动时使用，后来逐渐失传。古代文学作品中不乏有关箜篌的描写，一些壁画和浮雕中也能窥见其大致模样，但实物传世甚少，今人难以知晓它的具体构造。洋海墓地出土的这件箜篌，是我国现存较早的箜篌，且保存较为完整，堪称乐器史上非常重要的发现。它为研究古代竖琴构造和音律提供了难得的资料，填补了史前时期新疆乐器史的空白。

藏在人体中的奥秘

"看这个，你觉得这是干什么用的？"徐东良指着一个既像船桨、又像棒球棍的木制品问，"这是我们和吕恩国教授在胜金店的

◉ 世界上现存最早的假肢实物

吐鲁番博物馆 供图

汉代墓葬中挖掘的，对于它的用途，当时我们也是百思不得其解，各种猜测都有。"

虽然没有定论，但大家还是将这件物品带了回来。后来准备将墓葬回填时，吕恩国教授不死心，又跑到现场去仔细查看墓主人的尸骨，顿时豁然开朗。

"吕教授一回来就兴奋地对我说，兄弟，这是一个假肢！"徐东良笑着说，"墓主人的腿骨膝盖以下是向上弯折的，这个假肢绑在大腿上，就可以行走了。"据悉，这是世界上现存最早的假肢实物。由此可知，早在汉代中国人就已懂得使用假肢。

吐鲁番地区出土的古尸陈列厅是最具神秘性的展厅。这里展出的 11 具干尸，从春秋战国时期至清代，主要出自阿斯塔那—哈拉和卓墓葬群、苏巴什古墓群、洋海古墓群等。

2004 年在洋海古墓群西侧的斜坡墓地（斜坡墓地分布在洋海古墓群西侧，年代要晚很多，属于晋唐时期）发现了一具残缺的唐代干尸。徐东良和他的同事们很快发现，这具干尸竟然做过剖腹产手术，"刀口是横切的，缝合用的是马尾线，水平和现在差不多。遗憾的是手术没有成功，这个人最终因为剖腹产死了。"

干尸厅还有一个特别的陶罐，形似棺材，却又比棺材小得多。徐东良介绍，这是纳骨器。粟特人去世后，将尸体放入"麻扎"（即墓地）等鹰啄食其肉，然后将骸骨捡拾出来置于瓮中。

纳骨器　李亚楠 摄

此葬法源于波斯的琐罗亚斯德教，在中国通常被称为祆教或拜火教。根据该教教义，如果把尸体埋入土中会使土地不洁，因此该教实行天葬。居于中亚的粟特人也信奉祆教，与波斯葬俗不同的是，粟特人虽然没有棺椁，但有收藏骸骨的葬具，即纳骨器，亡者身份不同，其材质也不同，民间多用石瓮或土瓮。

文字与化石记载的历史

走进二楼的文书厅，映入眼帘的都是泛黄的纸页，有些一望而知是佛经，或是摩尼教文书，有些则是契约和账本，还有学生的习字帖。这些从历史长河中保留至今的纸片，记录着西域文明的发展。

展厅第一件展品是一双纸鞋。这是古代的丧葬用品，人死了之后想要升天，人体要减轻重量，所以鞋、帽、腰带等都用纸来制作，使用的就是当时废弃的公文纸、官方契约、书信等。这其中包含许多重要的内容，于是将纸鞋展成文书，整理出了一些历史事件。

《千字文》是中国古代通行的童蒙识字课本，唐五代时期曾在敦煌和吐鲁番一带广泛流传，吐鲁番博物馆现存大量《千字文》写卷（即学生习作）及残片。展厅里还展出了一份《千字文》写本（即课本）残片，经鉴定为麹（qū）氏高昌王国（公元499—640年）的文物。它的存在说明唐代初期甚至更早之前，《千字文》已经传到新疆并广为流行，与中原文化相通。

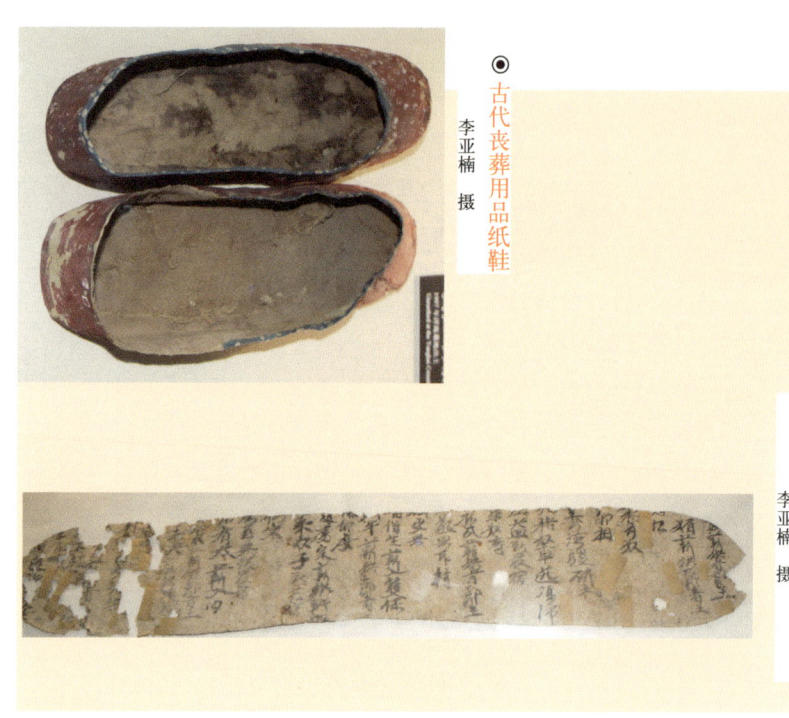

◉ 古代丧葬用品纸鞋　李亚楠 摄

◉ 纸鞋底展开后是一份文书　李亚楠 摄

　　徐东良说，所有文物修复中，文书修复是最重要的，因为带有文字的文物所给出的信息，往往会比其他文物更多，因此更有研究价值。吐鲁番由于气候干燥、气温较高，保存了数量惊人的文书，这些魏晋以来的文书，包括公文、契约、书信、药方、佛经、学生习作等几十类，这些内容大多是史书上没有记载的，堪称古代的百科全书。

　　最让徐东良兴奋的是 2005 年在台藏塔发现的唐代历日。历日，简单说就是今天的黄历。"这是迄今为止发现的唯一的唐代历日实物。"

　　这份唐代历日的发现非常偶然。台藏塔遗址以前一直被老乡当做羊圈，是一个巴郎子（即男孩）从泥坯缝隙中无意间掏出来的。当时掏出来的都是一些纸团，展开后清洗才发现是唐代的历日，被撕成了一条一条的。

　　吐鲁番博物馆还有一件镇馆之宝，即 2400 万年前的美丽巨犀

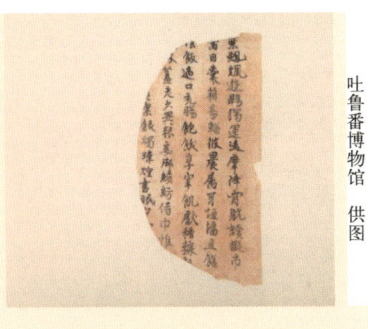

◉ 《千字文》写本(即课本)残片　吐鲁番博物馆 供图

◉ 台藏塔发现的唐代历日(即今天的黄历)　李亚楠 摄

化石,它是世界上最完整的一具巨犀骨架化石。博物馆专门为它开辟了一个展馆。巨犀化石体长约 9 米,高约 5 米,据估测这只巨犀活着时体重约 30 吨。你可能无法想象,干旱炎热的吐鲁番地区,在距今 2400 万年的渐新世,不但草木繁盛,还曾生活着很多大型食草动物——巨犀。此外,古生物学家通过分析埋藏巨犀化石的岩样,发现了那个时代的植物花粉。大约 2 千万年前,青藏高原急剧隆起,吐鲁番盆地气候逐渐变干,适合巨犀生存的森林草原环境渐渐被荒漠取代,导致美丽巨犀在渐新世末期灭绝。

历史已经湮没在时间的长河中,今天的我们通过博物馆珍藏的文物,感受到这片大地发生过的沧桑巨变,重温各族先民曾经创造的文明与繁荣。

(李亚楠　文)

宁夏固原博物馆

丝路重镇 文明交响

宁夏固原博物馆

"外阻河朔，内当陇口，襟带秦凉，拥卫畿辅"，位于宁夏南部的固原，自古以来就是关中通往塞外西域的咽喉要道，也是中原农耕文化与草原游牧文化的结合地带。丝绸之路兴起后，固原作为丝路东段北道要道，发展成四方辐辏、各族交融的国际化大城市。宁夏固原博物馆以其历史完整、独具特色的馆藏，生动展示了固原地区悠久灿烂的文化。

藏品有序 彰显文明脉络

宁夏固原博物馆于1988年落成开放，馆藏文物2万余件，时间跨度自远古至明清，其中国家一级文物123件（组），国宝级文物3件。藏品以春秋战国时期北方系青铜器和北魏、北周、隋唐时期丝路文物最具特色。

博物馆基本陈列"千年固原 丝路华章"分为五个单元：第一单元"文明序曲"，展示史前时期固原丰富的文化遗存，包括石器、陶器、骨器等。第二单元"华戎交响"，重点展示先秦时期的大量青铜器。第三单元"萧关纪颂",体现秦汉时期固原作为西北重镇的地位。第四单元"金石鸿篇",再现了南北朝至隋唐时期,固原作为丝绸之路上的重要关口,多元文化兼容并蓄的盛景。第五单元"边塞咏叹",反映宋代以来固原从商贸重镇逐渐变成军事要塞。

行走其间,我们深深地感到,如若不了解固原地区的历史变革背景,观赏效果可能会大打折扣。

石针、石锤、石矛……各种远古人使用的石器将我们的思绪拉向远方。固原是我国早期人类活动的地区之一。2002年,考古学家在固原市彭阳县岭儿、刘河等地,发现了旧石器时代晚期遗址。该遗址的发现,将固原地区有人类活动的历史,向前推进了2万年左右。

先秦时期,固原是北方游牧民族西戎的活动区域,周人和秦人兴起时,周人曾多次发起战争,最终固原归入周的统辖范围。公元前272年,秦昭襄王灭义渠戎国,建朝那县,并在固原等地修筑长城以拒胡。

秦汉时期,固原地区进入统一王朝版图。秦始皇下令修筑驰道,在乌氏县设瓦亭关,朝那县设萧关。汉武帝时始筑高平城。张骞"凿空"后,途经萧关古道丝绸之路的贯通,极大促进了固原地区中西文化交流和民族迁徙融合。

南北朝时期,各地游牧民族纷纷内迁,形成民族和文化大融合的局面。北朝至隋唐时期丝绸之路空前繁荣,固原是主要枢纽之一,东西方往来的商人、使者均汇聚于此。唐代安史之乱的叛军首领安禄山和史思明均来自中亚粟特地区,史思明和固原地区所发现的史姓家族属于一脉相承。民族交融的脉络,由此可见一斑。

国宝璀璨 述说融合之美

在"金石鸿篇"展厅,墙上一块色彩赭红的棺木格外吸引人。这是北魏漆棺画,该馆三大镇馆之宝之一。

北魏漆棺画1981年出土于固原市西郊乡雷祖庙村的一座北魏夫妇合葬墓中,出土时棺木已经完全腐朽,只留下一层薄薄的漆皮,经专家拼对复原后,再现了棺盖、左、右侧档、前档四部分漆棺彩画。棺盖为两面坡式,前高宽,后低窄,这是鲜卑民族棺木的重要特征之一。棺盖中央绘有一条金色水涡纹长河,河中点缀着仙鹤,象征天河。天河两侧饰有缠枝卷草纹和人面鸟身的仙人形象。天河顶端左侧有一红色太阳,右侧有一白色月亮,其下方各有一座房屋,屋内分别坐着一男一女,据其文字推测为"东王父"和"西王母"。

棺前档正中画着身穿鲜卑族服装的墓主人像,一手持杯,一手执麈(zhǔ)尾,两侧站立着侍从,画面下方绘有两个站立的菩萨。棺侧档的画面分上中下3层,上层以连环画形式绘制中原传统孝子故事,但人物均着鲜卑服装,每幅图之间以三角形火焰纹相隔。中部为波斯著名的连珠龟背纹图案。下层描绘了鲜卑武士策马狩猎的场面。

这位鲜卑人的漆棺画融合了非常丰富的文化元素,反映了北魏时期各种民族大迁徙文化大融合的社会背景,也为了解北朝绘画艺术及髹(xiū)漆技艺提供了重要的实物依据。

另两件镇馆之宝是出自李贤夫妇合葬墓的鎏金银壶和凸钉玻

◉ 北魏漆棺画

宁夏固原博物馆 供图

北周李贤墓出土的鎏金银壶　宁夏固原博物馆　供图

北周李贤墓出土的凸钉玻璃碗　宁夏固原博物馆　供图

璃碗。李贤是北魏、西魏、北周的三朝元老，屡立战功，和北周皇室的关系极为密切。1983年，固原县南郊乡深沟村发现李贤、吴辉夫妇合葬墓，出土文物丰富珍贵。

鎏金银壶是通过丝绸之路传到中国的萨珊风格金银器。壶通高37.5厘米，最大腹径12.8厘米，重1.5千克。表面鎏金，环形单把，把上方铸一高鼻深目、戴贴发软冠的人头。细长颈，腹部圆鼓，颈部与腹部连接处、束腰处及底座均饰有凸起的圆珠组成的联珠纹。壶腹部捶揲出男女3组人物图像，构成一幅连续的古希腊神话故事。"此壶是波斯萨珊系金银器在中国的重大发现，它的面世将固原、中亚、希腊联系到一起，堪称东西方文化交流中的艺术精品。"宁夏固原博物馆副馆长王效军为大家这样讲解。

鎏金银壶旁边摆放的便是凸钉玻璃碗。其造型精美，晶莹剔透，器形完整。碗高8厘米，口径9.5厘米，最大腹径9.8厘米，重245.6克。直口，矮圈足。内壁光洁，外壁饰以凸起的圆形装饰。整器呈碧绿色，内含分布均匀的小气泡。根据玻璃碗的成分和装饰判断，它是典型的萨珊王朝制品。凸钉玻璃碗纪年明确，对确定同类制品的年代具有标尺作用。

古城巍峨　见证边塞风云

"边塞咏叹"展厅展现了从宋夏金至元明清时期固原地区的历史文化。北宋时，宁夏南部地区是宋夏交界之地，固原属于北宋政权管辖。西夏和北宋之间曾发生了三场大规模战役,其中"好水川之战"和"定川寨战役"均发生在固原地区。展厅里陈列的各种兵器,让人们感受到战场厮杀的壮烈。这两场战役均以北宋的失败而告终,至此宋夏对峙的格局基本形成,并且持续了近200年。

元代安西王府设于六盘山开城,固原的地方政权建制达到前所未有的高度。明清时期固原作为边塞重镇,大量屯兵筑防。博物馆里有一座复原的清代固原城模型,展示了经过历代修葺的固原古城的完整形貌。古城整体呈"回"字形布局,地势西北高、东南低,东依清水河,犹如"金龟吸水"。其内外城门共计10道,外城门4道,分别为南"镇秦"、北"靖朔"、东"安边"、西"威远"。据介绍,始建于汉武帝时的固原古城是内城,北周时期,在内城外围修筑了城郭,从而奠定了固原城"回"字形的布局。北宋时期又修筑了瓮城及马面。明万历年间,兵部尚书石茂华认为"土筑不可垂远",在固原城外以砖加包,成为古代北方屈指可数的"砖包城"之一。清末以来,由于战乱、地震等破坏,古城建筑大多损毁,现只保存了外城西北角和内城西南角的一小段。

在展厅结尾处,摆放着一组清代"三关口筑路碑"。碑文由晚清官员、书画家吴大澂(chéng)撰写,书体为"八分书",内容主要是颂扬泾、庆、平、固观察使魏光焘率领将士修筑三关口道路的功绩。此碑乃吴氏书法艺术难得的实物资料,也是宁夏唯一的"八分书"碑刻。

参观完固原博物馆,我们专程去寻找内城西南角残缺的古城墙。在土墙下徘徊幽思,仿佛穿越了历史。特殊的地理环境孕育了固原独特而多元的地区文化。在当今时代,曾经的丝绸之路重镇固原,焕发出新的生机。

(禹丽敏 朱磊 文)

璀璨记忆 十三朝古都的

西安博物院

每个人心中，都有一座长安城。

在那座城里，有"春风得意马蹄疾，一日看尽长安花"的畅快肆意，有"九天阊阖开宫殿，万国衣冠拜冕旒"的气势恢宏，有"长安大道连狭斜，青牛白马七香车"的热闹繁华，也有"长安一片月，万户捣衣声"的平静祥和。

从公元前11世纪的西周开始，先后有13个王朝在这里建都，留下了数不清的文化遗产。如今，数千年的光阴浓缩在西安博物院中，向世人展示着这座城市的璀璨与荣耀。

2015年2月15日，习近平总书记考察西安博物院时说，一个博物院就是一所大学校。

在这个集古代文物、建筑与现代化展馆于一体的国家一级博物馆中，你可以读到周秦汉唐的辉煌，感受中华民族绵延不绝的文脉。

呈现千年古都变迁

2007年5月18日起，由著名建筑师张锦秋设计并主持建设的

唐代小雁塔　西安博物院　供图

西安博物院正式对外开放。这座占地 245 亩的博物院包括三部分：博物馆、唐小雁塔古建筑群和城市公园。像这样馆、塔、园三位一体的建筑布局，在全国博物馆界可谓独树一帜。

小雁塔所在的荐福寺是唐代长安城内著名的皇家佛寺，也是唐武宗毁佛浩劫后仅存的四座皇家寺院之一，位于唐长安城中轴线东侧。寺内有塔，原名荐福寺塔，建于唐中宗景龙年间，是中国早期密檐式砖塔的典型代表。据记载，唐玄奘从印度取经回来时把"雁塔"之名带回中国，于是后人把唐慈恩寺内用来安放玄奘带回经书的塔称为"大雁塔"，把形似大雁塔但规模较小的荐福寺塔称为"小雁塔"。小雁塔原有 15 层，上有塔刹，下有地宫。历经千年风雨，塔顶、塔刹损毁，现存 13 层，高 43.3 米。小雁塔作为"丝绸之路长安——天山廊道路网"上的宗教遗迹，2014 年被收入《世界文化遗产名录》。

博物院的正门对着西安市朱雀大街，也是唐长安城的朱雀大街。从唐至今，这条朱雀大街名称未变、位置未变，仅是宽度比唐代时"缩水"不少。这正是古都西安的奇妙之处——今天的西安市区，与唐代的长安城区几乎完全重叠。

进入博物馆中央大厅，首先映入眼帘的是地面上一幅古代西安都城变迁图。西安是中国历史上建都朝代最多、历时最久的城市。从周文王建立的丰京和周武王建立的镐京，到秦咸阳城、汉长安城，再到隋唐时期的长安，共有13个王朝建都于此，时间长达1100多年。

地下一层展厅陈列着一座木制唐长安城模型。这座模型是根据最新的考古发掘报告和史料记载，按照1∶1500的比例缩制而成，清晰显示了唐代长安城市样貌。唐长安城面积有84平方公里，由宫城、皇城、外廓城三部分构成，是当时世界上最大的城市，是明清时期北京城的1.4倍，是今天西安城墙范围内的7.5倍。从模型上可以看出，廓城内有东西向大街14条、南北向大街11条，纵横交错的25条大街将廓城划分为110个封闭式的里坊，正如白居易诗中描述的那样，"百千家似围棋局，十二街如种菜畦"。大明宫、东市、西市、慈恩寺、朱雀大街……这些唐代的街市、建筑，今天依然留有遗迹，是西安人生活中熟悉的一部分。

展示历代文化瑰宝

西安博物院作为一个市级博物馆，馆藏文物数量超过很多省级博物馆。藏品序列完整、品类齐全，众多精品文物见证了历史上的西安作为世界文明古都所具有的繁华气象和独特地位。据统计，西安博物院现有藏品11万余件（套），包括青铜器、玉器、金银器、陶瓷器、石雕、书画、碑帖等。院藏古籍8920部，有35部入选国家珍贵古籍名录。

博物馆的基本陈列以西安城市发展史为主线，分为"千年古都""帝都万象""府城西安"三部分。各个时代的瑰宝汇聚在展厅中，诉说着这座城市的悠久历史与灿烂文化。

西周时期，中国的青铜铸造技术达到顶峰。西安作为京畿之地，出土的青铜器数量多、种类全、造型精，很多器物上刻有铭文，记载了当时的社会生活。西安博物院展出的西周永盂，造型浑厚，两

西周永盂 西安博物院 供图

金背瑞兽葡萄镜 西安博物院 供图

鎏金走龙 西安博物院 供图

白玉错金牌饰 西安博物院 供图

侧有耳，器身饰有丰富精美的纹饰，腹内底铸有铭文123字，详细记载了一次授田仪式。这段文字为研究西周时期的土地分封制度提供了珍贵资料。

秦阿房宫遗址出土的高足玉杯，色青泛黄，晶莹润泽，造型丰满浑厚而不失秀雅，纹饰繁复多变，研磨抛光极为精细。从它硕大的体量和非凡的艺术品质来看，这件玉杯当属帝王用品。

唐代长安城是享誉世界的繁华都市，金背瑞兽葡萄镜、鎏金走龙、白玉错金牌饰等精美文物反映了这一时期经济的发达、工艺的精巧。

"唐三彩"是唐代具有代表性的艺术品。西安博物院收藏了数百件珍贵的三彩器，其中一件腾空骑马俑尤为独特。它由骑手和奔马两部分组成。骑手为胡人少年，身着蓝色长袍，端坐马背，双拳作控马状。马体形彪悍，作腾空跃起状，颈上鬃毛直立，马鞍后有白、绿、黄三色相间的袋囊。这种腾空飞奔的造型，在目前所见的三彩器中绝无仅有，具有强烈的艺术感染力，特别是马的神态和肌肉健壮的腿部雕刻得细致传神。唐三彩中蓝釉比较珍贵，这件作品上多处施有蓝釉，价值非凡。

秦代高足玉杯 西安博物院 供图

唐三彩腾空骑马俑 西安博物院 供图

创新讲述"长安"故事

"西安这座城市的文明,某种程度上就是浓缩的华夏文明。仅用静态的文物展示让观众来了解历史文化是远远不够的。我们一直在努力提升展览品质,通过多种手段让文物'活起来',更好地讲述'长安'的故事。"西安博物院副院长王锋钧信心满满。

近年来,西安博物院设立"乐知学堂"教育体验中心,举办"乐知大讲堂""快乐中华节"等公益文化活动,开设"长安古乐"非遗文化演艺厅,以公众喜爱的方式弘扬中华优秀传统文化。

2019年,西安博物院接待观众342万余人次,同比增长41%。在做好文物保护和学术研究的同时,西安博物院把展览办得引人入胜,把文物承载的历史故事讲述得深入人心,用多元化思维拓展视野,努力提升公共文化服务水平,更好地发挥文化传承和社会教育功能。

(宦 佳 文)

西安半坡博物馆

诉说人类文明的童年

西安半坡博物馆

"半坡村是原人居,彩陶纷陈世所稀。绝无甲骨方块字,七千年前往可稽。"这是开国元帅陈毅当年参观西安半坡村遗址后写下的诗句。1953年春,陕西西安东郊一家电厂施工时,发现一些彩陶片,随后,考古工作者在浐河东岸半坡村附近发现聚落遗迹。随着考古发掘的深入,6000多年前半坡人创造的原始文明展示在世人眼前。

1958年4月,西安半坡博物馆建成并对外开放。1961年,半坡遗址被列入第一批全国重点文物保护单位。60多年来,西安半坡博物馆共接待中外游客3000多万人次,在旅游网站调查中被评为"中国最值得外国人去的50个地方"之一。

博物馆与遗址融为一体

从1954年至1957年,半坡遗址进行了5次大规模发掘。专家认定这是一处新石器时代仰韶文化聚落遗址,年代为距今6000—6800年。在时任国务院副总理陈毅的促成下,西安半坡博物馆建

「半坡姑娘」雕塑 西安半坡博物馆 供图

立。这是中国第一座史前聚落遗址博物馆，将博物馆与遗址环境融为一体，在当时堪属首创。博物馆占地面积107.4亩，现馆藏文物1.8万余件，其中化石标本300余件，新石器时代人类和动物骨骼标本若干。

走进博物馆大门，一片开满睡莲的水池映入眼帘。池中央伫立着"半坡姑娘"雕塑，发髻高耸，身穿麻布衣，手扶尖底瓶，半蹲身子正要汲水，生动再现了仰韶文化母系氏族社会的女性形象。

博物馆基本陈列由遗址保护大厅和出土文物展厅组成。半坡遗址面积约5万平方米，已发掘面积约1万平方米，共发现房屋基址40多座、窖穴200多处、陶窑6座、防御设施2套、墓葬250余座及各类文物上万件。博物馆展现的遗址分为居住区、墓葬区、陶窑区三部分，居住区由一条壕沟保护起来，壕沟东边为陶窑区，北边是墓葬区。在居住区能看到圆形或方形的半地穴式房屋遗迹，它们是半坡人"冬居营窖，夏居橧（zēng）巢"的有力见证。以石柱为中心的祭祀遗迹也在这一区域。陶窑区展示的一座横穴窑，是目前国内发现最早、保存较完整的陶窑遗址之一。

◉ 祭祀遗址　西安半坡博物馆 供图

◉ 陶窑遗址　西安半坡博物馆 供图

出土文物展厅分为"青青河畔""生命之诗""田园牧歌""心灵神韵""隐秘玄机"5个单元。半坡遗址出土了石斧、骨针等大量生产、生活用具和彩陶、雕塑等艺术品及各类装饰品，反映了半坡先民的生存状态和文化艺术水平。展厅里运用场景复原、虚拟成像等现代展示手段和多媒体交互设备增强观众的体验，让人仿佛走进半坡先民的生活，看到他们狩猎捕鱼、养猪种粟、生火煮饭、建造房屋……

人面网纹盆的奥秘

在半坡遗址出土的众多文物中，人面鱼纹盆和人面网纹盆最为知名，前者现藏于国家博物馆，后者藏于西安半坡博物馆，均为国家一级文物。

人面网纹彩陶盆高17厘米、口径45厘米，卷唇、平底、鼓腹，整体呈橘红色。陶盆内壁用黑彩绘有人面网纹图案，人面与网纹均相互对称。人面为圆球形，头顶有三角形发髻，发髻上有三角形尖锥物。两只眼睛用一字横纹表示，似在闭目养神。鼻部呈三角形，耳部外伸上翘，嘴型似线轴，嘴角两侧有带短线的长三角。

作为西安半坡博物馆的镇馆之宝，人面网纹彩陶盆的用途是什么？上面的图案有什么寓意？

专家认为，半坡人有瓮棺葬的习俗，把夭折的婴幼儿置于陶

◉ 人面网纹盆　西安半坡博物馆　供图

◉ 双耳尖底瓶　西安半坡博物馆　供图

瓮中，以瓮为棺，以盆为盖，埋在房屋附近，人面网纹盆和人面鱼纹盆就是瓮棺的盖子。6000多年前，由于自然环境恶劣，生活水平低下，儿童死亡率很高。在半坡遗址已发掘的250座墓葬中，儿童瓮棺墓就有73座。将婴幼儿置于瓮棺中就像在母亲腹中一样，希望孩子有一个安稳的归宿，体现了半坡人的一种人文关怀。

人面网纹盆和人面鱼纹盆等文物反映了早期先民视死如生的思想，对夭折孩童的安葬很重视。从陶盆的器型和纹饰来看，当时彩陶制作工艺已经很高，而且有专人绘制图案。人面网纹盆和人面鱼纹盆上的图案已成为半坡文化的典型标记。

关于人面网纹图案的寓意，学界有多种观点，较被认可的说法有图腾说、鲸（qíng）面文身习俗说、生命之神象征说。随着研究工作的深入，人面网纹盆图案的秘密，也许在不久的将来会被破解。

意义非凡的刻画符号

半坡遗址的另一代表性文物是尖底瓶，其形状很特别，口小、腹大、底尖。当时的人们为什么要制作这种奇怪的瓶子？它是做什么用的？传统的说法是汲水器，但随着考古工作的不断发现，专家认为，它也许是一种多用的水器，既可汲水，也可酿酒。

从出土文物和遗迹可以看出，半坡人除了熟谙渔猎、种植和掌握编织外，还是出色的匠人。他们建造陶窑，烧制各种陶器，既有水器、炊器、储存器，也有动物造像等。

丰富多彩的陶器较全面地反映了6000多年前半坡先民们劳动、生活的情况，也反映了那时人们对美的向往。半坡先民把他们日常见到的山水、人物、动物等塑造在陶器上，既是写实，也是审美的体现。陶器上的刻画符号意义非凡，一种是作为记事的标记，还有一种可能，就是中国文字最早的雏形。这些符号说明半坡先民已经有了数字和文字的概念。

◉ 鱼纹陶盆

西安半坡博物馆 供图

为了更好地传播半坡文化，西安半坡博物馆建立了研学活动场所"史前工场"。走进史前工场，只见孩子们正在兴致盎然地体验原始人的生活，钻木取火、给陶器钻孔、搭建原始房屋、进行植物捶染……临近闭馆时间，孩子们依然不舍得离去。西安半坡博物馆副馆长何周德说，希望通过这些寓教于乐的体验项目，让青少年学习历史知识，感悟中华文明源远流长的魅力。

（高亚平　文）

宝鸡青铜器博物院

"青铜史诗" 铸周礼

宝鸡青铜器博物院

作为"青铜器之乡",陕西宝鸡,从不缺故事。

宝鸡,古称陈仓,是华夏始祖炎帝故里,周秦文化的发祥地。"治国不以礼,犹无耜(sì)而耕也",3000年前宝鸡地区的周礼,浸润在周人生活的点点滴滴。凝结当时先进技术的青铜器,自然成为"礼"的载体。

随着时光的推移,宝鸡这片厚土,不断发掘出青铜器瑰宝。探访宝鸡青铜器博物院,翻阅那流传数千年的"青铜史诗"。

石鼓园内 大气雄浑

走进位于市区东部的中华石鼓园,仿佛推开了历史的大门。园区分为两大区域:以宝鸡青铜器博物院为中心,仁、义、礼、智、信"五德园"和周文化墙,构成周文化区域;以石鼓阁为中心,"敬天祭祖、秦公盛典、涉马渡河、车马盛猎"等石鼓诗文雕塑,构成秦文化区域。

"宝鸡青铜器博物院,是以集中收藏、研究、展示青铜器为主的国家一级博物馆。"博物院院长陈亮介绍,何尊、胡簋等上百件

国宝均陈列于此,"馆藏青铜器数量多、种类全、价值高,是展现周秦文化和中华文明的艺术宝库。"

单是博物院建筑,就给人以强烈的视觉震撼。它依山而建,南依秦岭,北望渭水,采用了传统的高台门阙形式,层层递进,气势恢弘。主体建筑造型别具一格,墙面由土黄色锈石砌成,羊首浮雕和青铜纹饰装饰其上,极具历史厚重感。

宝鸡青铜器博物院前身是 1958 年建立的宝鸡市博物馆,1998 年迁到公园南路,更名为宝鸡青铜器博物馆。2010 年 9 月,新建的宝鸡青铜器博物院在中华石鼓园落成并免费对外开放。目前,博物院收藏文物 12761 件(组),设有"青铜铸文明"基本陈列和 3 个常设专题陈列——"对镜贴花黄""陶语诉春秋""明月照琼琚"。基本陈列有"青铜之乡""周礼之邦""帝国之路""智慧之光"四部分,荟萃了宝鸡地区出土的青铜器 1500 多件。

"周韵秦风,大气磅礴。"从甘肃天水专门赶来的游客,对石

宝鸡青铜器博物院全景 宝鸡青铜器博物院 供图

西周何尊 宝鸡青铜器博物院 供图

鼓园和博物院里的金石文物兴趣盎然,"国宝重器,浑厚凝重,看来不虚此行!"

何以为尊 我有"中国"

说起宝鸡青铜器博物院的"镇院之宝",首先当属"何尊"。

何为何尊?尊是古代的盛酒器,何尊的主人是一位叫"何"的西周贵族。它的器形上圆下方,体现着古人天圆地方的思想观念。通体四道透雕的扉棱,整齐有序,极富立体感。

仔细端详,何尊纹饰华丽,腹部雕有饕餮兽面纹,粗大卷曲的兽角翘出器外,颇有腾跃欲食的动感。

说起当初出土的故事,何尊远没有今天这般光鲜。1963年秋,宝鸡县贾村塬农民陈堆,无意间发现后院坍塌的崖面有两道亮光。夫妻俩搬来梯子,爬到崖上用手一刨,一件器皿滚落下来。后来为讨生计,家人将器皿卖到废品站,换得30元。1965年,宝鸡市博

○ 何尊铭文中的"中国" 宝鸡青铜器博物院 供图

○ 何尊铭文 宝鸡青铜器博物院 供图

物馆工作人员将其征集入馆。

　　1975年,"全国新出土文物汇报展"在北京举行,何尊被借调参展。著名青铜器专家马承源先生在清理锈蚀时,发现了器内底部铭文12行122字,其中包括最早的"中国"一词。这一发现让何尊身价倍增。20世纪80年代,何尊曾多次应邀赴美国、日本、法国等国家展览。

　　何尊的由来牵涉两个身份非凡的"年轻人":周武王之子周成王和同宗的贵族何。成王五年四月丙戌,成王召见了何,勉励他效法父辈,为国效力。为此,何铸造了这件精美的青铜器,记录周成王营建成周洛邑的重大事件及对他的训诫。

　　对于文明的传承,文字至关重要。青铜器出现后,金文应运而生。何尊腹底铭文中,刻有"宅兹中国",这是迄今发现的"中国"一词最早的来源。"宅兹"指"居住在这里";"中"字甲骨文、金文字形像旗杆,本义为"中心","国"字由城池和兵戈构成,"中国"就是国之中央。随着历史演进,"中国"一词,逐渐派生出更广泛的含义,最终成为我们国家的名称。

　　何以为尊,我有"中国"。走过3000年历史长河,何尊上的"中国"重现于世,而"中国"已经拓展到960万平方公里土地,成为每一个中华儿女自信自豪的源头。

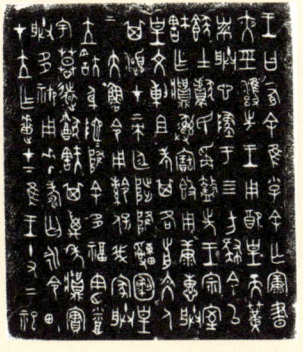

胡簋腹底铸的124字铭文
宝鸡青铜器博物院 供图

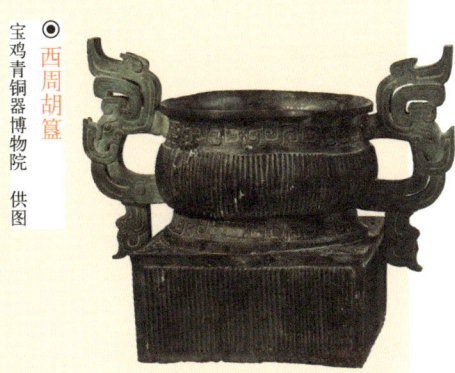

西周胡簋
宝鸡青铜器博物院 供图

金文载史 意义非凡

除了何尊，博物院收藏的胡簋、逨（lái）盘等国家一级文物，其铭文都记载着数千年前的为政准则或国之大事，堪称一部部"青铜史书"。

1978年5月，宝鸡市扶风县齐村村民挖水塘时，推土机推出一堆青铜碎片。仔细查看，竟发现了一个"大家伙"，西周第十位天子周厉王所制青铜器——胡簋。

簋，古代盛食器。胡簋通高59厘米，腹深23厘米，最大腹围136厘米，重60公斤。据了解，胡簋是迄今唯一有明确纪年的西周厉王自作器，也是目前发现最大的青铜簋，有"簋王"之称。

胡簋的双耳呈象首形，簋体下有正方形方座，加强了稳重感，腹围和方座上均饰直棱纹，颈部和圈足饰一周窃曲纹，上下相互对照呼应。胡簋腹底铸的124字铭文尤为珍贵，文字表明周厉王制此祭祀宝簋，以祀皇天大命，保佑周室、王位及其自身，赐降多福、长寿与智慧。

宝鸡青铜器出土前的状态，包括遗址、墓葬、窖藏等多种形式，其中以窖藏最为独特。对于窖藏产生原因，西周晚期战乱频繁，贵族逃跑时将带不走的青铜器埋藏地下，期望天下太平后再回来使用，但却再也没有回来。

2003年1月19日，宝鸡眉县杨家村五位村民，在村北坡取土时发现窖藏。当晚，市文物部门进行抢救性发掘，共出土西周青铜器27件，件件有铭文。其中，鼎12件、盉（hé）1件、盘1件、壶2件、鬲9件、盂1件、匜（yí）1件，铭文共4048字，据考为西周贵族单氏家族的器物。

作为其中历史价值最高的一件，逨盘内铸铭文21行372字，以第一人称记述了单氏家族8代人辅佐西周12代天子征战、理政的故事，既歌颂了周王的丰功，又昭示了家族的荣耀。它还印证了《史记》中西周诸王世系，意义非凡。

千年时空流转。如今，宝鸡青铜器博物院正努力让浸透岁月风烟的古老文物，焕发出新的生机。

博物院用现代科技手段，将实物展陈、多媒体展示、场景复原等有机结合，给人以历史的启迪和艺术的享受；以"青铜乐坊"青少年教育活动为依托，打造"我们的节日""青铜乐坊欢乐行"等品牌；策划"我行我塑——泥捏青铜器""暑期小小讲解员"等诸多活动，让青铜文化走近孩子们身边。

（高炳　文）

○
九
九

宝鸡青铜器博物院

● 逑盘

宝鸡青铜器博物院　供图

● 逑盘内铸铭文

宝鸡青铜器博物院　供图

大唐西市博物馆

丝路起点上的繁华集市

大唐西市博物馆

"武陵年少金市东,银鞍白马度春风。落花踏尽游何处,笑入胡姬酒肆中。"李白的《少年行》描绘了一幅欢快明丽、恣情迈逸的盛唐风情图。诗中繁华热闹的"金市"便是当时唐都长安城最负盛名的国际化贸易中心——西市。

据史料记载,隋初宇文恺遵隋文帝旨意在汉长安城西南方建大兴城,并在廓城东、西两侧设"都会""利人"两个贸易市场。至唐初,大兴城改名为长安城,两市仍承旧制,因两市分设于城市中轴线朱雀大街东西两侧,依其方位而称"东市"和"西市"。前者经营国内贸易,后者紧邻西去丝绸之路的出口——长安城西开远门,对外贸易十分发达,四方辐辏,商贾云集,成为隋唐丝绸之路的东方起点。

1300多年后,大唐西市博物馆在唐长安城西市遗址上拔地而起,以保护性发掘的方式,再现了绵延千载的西市盛景。

大唐西市博物馆是古丝绸之路上唯一的集市类遗址博物馆,也是中国目前唯一一家非国有国家一级博物馆。博物馆馆区建筑面积3.5万平方米,展览面积1.1万平方米,其中遗址保护面积0.25万平方米。馆藏文物2万余件,上起商周,下迄明清,以承载盛唐文化、丝绸之路文化、商业文化的西市出土文物为主。

西市遗址 繁华留迹

走进大唐西市博物馆一层大厅,被誉为"活的穿越、镇馆之宝"的唐长安西市遗址赫然出现在眼前,无声地述说着千年前大唐西市四面立邸、珍品汇聚的辉煌景象。

历史上的西市面积有1600亩,纵横向各有两条街道,构成九宫格格局。白居易在《登观音台望城》中以"百千家似围棋局,十二街如种菜畦"形容长安城棋盘式的整体布局,而西市也沿用了这种规划方式。西市平面呈井字形,南北约1031米,东西约927米,四面均有围墙门址,围墙内有沿墙平行的街道,内部南北向和东西向各有两条街道,将整个西市划成9个矩形区域。这9个矩形区域均四面临街,便于开展商贸交易。

现存西市遗址主要由东北"十字街"遗址、"石板桥"遗址、道路车辙遗址、店铺房基遗址、排水渠遗址等部分组成,分别以裸露原状和玻璃覆盖两种方式展示。"十字街"北侧有一处东西5.5米、南北1.75米的"石板桥",由7块石板铺就,石板间有铁卡相互固定,这一技术在唐高宗李治与女皇武则天的合葬墓乾陵中也有使用。"石板桥"附近路面上还有若干条宽约1.3米的车辙痕迹。经考证,这一宽度与唐皇宫大明宫、兴庆宫石门槛上的车辙宽度相当,体现了唐朝的车同轨制度。"石板桥"东北方向不远处,残存着几间房屋墙基,是当是旧时西市店铺遗址。

在大唐西市博物馆,千年古迹以最原始真实的面貌呈现在世人面前,不仅展示出先人在交通、排水、建筑、城市规划等领域的智慧,还带领观众穿越1300多年的历史烟云,想象当年商旅络绎不

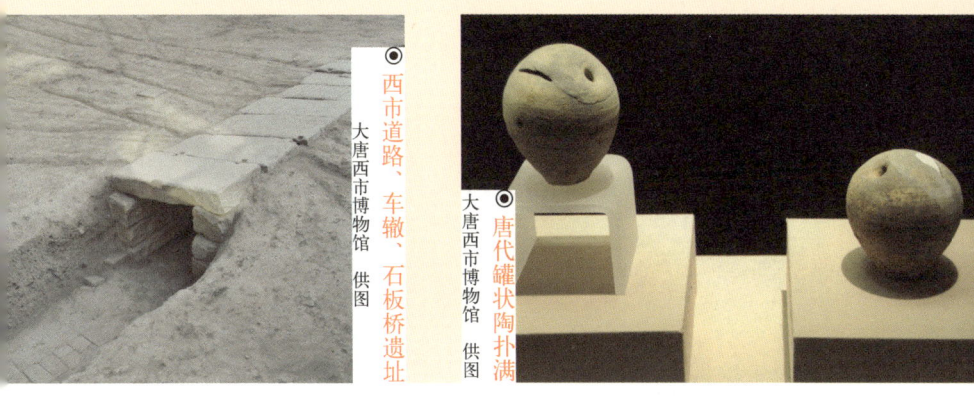

西市道路、车辙、石板桥遗址 大唐西市博物馆 供图

唐代罐状陶扑满 大唐西市博物馆 供图

绝、游人摩肩接踵、店铺鳞次栉比、货品广集四海的大唐西市盛景。中国的丝绸、瓷器、茶叶从这里走向世界,西域的宝马、香料、风俗由丝路传至中国。大唐西市不仅是繁荣的国际贸易中心,同时也是联通东西文化的枢纽,在世界文明交流史上写下了浓墨重彩的一笔。

商品遗珍 工艺精巧

作为国际化贸易市场的西市,这里出土的文物带有浓郁的商业气息和生活气息,也反映出当时工艺的精巧。

博物馆展出两件西市出土的陶扑满,类似于现代人使用的储蓄罐,是一种储钱工具。

据史料记载,汉武帝时已有扑满,在文献中常被称作"缿"(xiàng)。因扑满在实用中具有"满则扑之"的特点,故很少有完整的扑满留存。而这两件罐状陶扑满,罐体饱满,形制完整,顶端均开有一条可放入钱币的狭口,还有一个供插系绳子的小眼,没有使用痕迹,可能是未售出的商品,因其存世量少而倍显珍贵。

2006年,考古人员在西市遗址清理过程中,采集到60枚釉陶丸,除几枚残破外,大部分保存完好。陶丸的胎和釉层均较薄,色彩分黄釉、绿釉,规格有直径2.5厘米和1.5厘米两种。它们与弹珠游戏所使用的实心弹丸不同,腔内中空,摇动时可以感觉到内装有硬核,从而被鉴定为一种珠算工具——"珠算板"上的算珠。

◉ 唐代十二峰灰陶砚

大唐西市博物馆 供图

中国古代长期使用筹算，一般认为珠算萌芽于宋元，至明代才取代筹算成为主要计算方式。西市出土的这些唐代釉陶算珠可称为重大发现，不仅为前人所著《数术记遗》中所提到的"珠算，控带四时，经纬三才"提供了实物资料，也说明唐代已有简易珠算，开始从筹算向现代珠算过渡。珠算这一当时被认为先进的计算方式在西市出现，是唐代西市商业繁盛的重要标志。

"谁截小秋滩，闲窥四绪宽。绕为千嶂远，深置一潭寒。"陆龟蒙诗《太湖砚》表达了唐代文人对文房四宝之一砚台的珍爱。西市出土的十二峰灰陶砚，展现了唐代高超的制砚工艺和雅致的审美情趣。这一方陶砚通高 12.5 厘米，砚面径 13.5 厘米，总体造型为山峦形，三足，带盂箕形圆砚。山峦分里外两区环绕于陶砚外沿，高低错落。三足上部和砚首主峰正面各塑有一个高额瞠目、肌肉发达的半蹲力士作负山状。出土的陶砚与故宫博物院收藏的"十二峰陶砚"造型相似，体现了古代文人将湖光山色与文房用具结合的审美意趣。

对格利芬织锦

大唐西市博物馆 供图

汇通东西 文化交融

　　大唐西市博物馆还收藏了大量与丝路主题相关的文物，这些文物多带有东西文化交融的特色。

　　西域文化对中国传统染织图案影响最大的是联珠形式。隋代何稠曾成功仿制波斯金锦线绵，唐代以后这种图案形式被吸收消化，成为兼具中西特色的联珠团窠。馆藏"中窠对马纹织锦"，团窠内为两匹造型独特、线条流畅的写意马，马腹圆圈纹中织汉字"午"，团窠间饰花朵和古波斯文字，充满异域风情。西域文化还为中国染织品带来了新的表现题材。"对格利芬织锦"以两个背向回首的格利芬为团窠内饰，格利芬是古希腊传说中的神兽，鸟首、立耳、狮身、卷尾、带翼。团窠间缀有古波斯文字，具有鲜明的波斯风格。

　　胡风胡俗还进一步影响到时人的衣食住行。《新唐书·车服志》记"开元中……士女衣胡服"，《新唐书·五行志一》谓"天宝初，

唐代彩绘釉陶戴笠女骑俑 大唐西市博物馆 供图

贵族及士民好为胡服胡帽",描述了开元天宝年间胡服盛行的社会潮流。博物馆展示的唐代彩绘釉陶戴笠女骑俑,女俑头戴黑色帷帽,上身内穿窄袖绿色长衫,外套圆领半臂,下着红色长裙,其中窄袖袍服和间裙都是受胡风影响产生的装束。三彩调鸟男立俑,男俑头戴幞头,微向左偏,身着翻领窄袖胡服,腰系带,双手各持一小鸟作调耍状,神态悠闲潇洒。

大唐文化也深刻影响了当时到访的外国友人。唐长安城广迎四方宾朋,来自丝路沿线各国的人口达数万之多。他们的身份主要是使臣、商贾、僧侣、学生、伎艺,也有少部分人通过科举考试进入唐代权力机构。展厅里绿釉胡人午狮纹陶扁壶、三彩胡人陶哨、回鹘王子葛啜墓志等文物，不仅反映出盛唐海纳百川的包容精神，更是东西方文化深入互动的生动写照。

创新文保 促进交流

诠释丝路故事、解读丝路文化、传播丝路精神，大唐西市博物馆以"丝路"为主题构建陈列体系，不断探索着文物保护和文化传承的新路径。

在常设展览"丝路起点 盛世商魂"之外，大唐西市博物馆还设有专题展览"货币中的丝路故事"，以时间为轴、以地域为纬，通过48个古代国家和地区的2000余枚货币，管窥丝路沿线各国各地区不同历史时期的发展面貌，映射出丝绸之路的千年辉煌。

博物馆开发了多种文创产品，如造型独特的王莽"国宝金匮直万"款U盘、"中窠联珠对鸟织锦"图案杯垫、以西市遗址出土陶瓷羊为原型制作的存钱罐等，拉近了文物与大众的距离。此外，还举办了"未成年人跳蚤市场"等社会教育活动，让青少年体验盛唐商业文化与西商精神。博物馆赋予活动强烈的仪式感，开市前带领孩子们以诚信经营、文明经商为主题进行宣誓，开市时敲开市鼓，闭市时击闭市钲，让孩子们在感悟历史的同时接受诚信教育。

大唐西市博物馆已与丝路沿线16个国家、22座博物馆建立了友好合作关系，"引进来"和"走出去"并举，不断为促进文化交流增彩添色。2018年5月，大唐西市博物馆成功引进"欧亚大草原早期游牧民族文化——哈萨克斯坦中央国家博物馆文物精品展"。这是哈萨克斯坦中央国家博物馆首次走进中国，该国国宝级文物"金人"也得以在大唐西市博物馆供国人观赏。

（党亚杰　文）

三星堆博物馆

展现"人与神"的世界

三星堆博物馆

嘉木葱茏,岛影湖光,在四川德阳广汉市鸭子河南岸的"三星堆国家考古遗址公园"东北角,坐落着三星堆博物馆。三星堆遗址是中国西南地区迄今发现的范围最大、等级最高、延续时间最长、文化内涵最丰富的古城、古国、古蜀文化遗址,1997年建成开放的三星堆博物馆则是一座现代化专题性的遗址博物馆。

三星堆博物馆现设综合馆和青铜馆两大展馆。展馆建筑外形追求与地貌、史迹及文物造型艺术相结合的神韵,综合馆为半弧形斜坡生态式建筑,彰显人与自然和谐共生的人文精神,青铜馆为三部一体的变形螺旋式建筑,其整体具有"堆列三星"与"人类历史演进历程"的双重象征。

灿烂的古蜀文明

走进全新升级的综合馆,由四大单元构成的1200米长的展线上,陈列着陶器、玉器、金器和青铜器等394件(套)文物,全面系统地介绍了古蜀历史及三星堆古蜀国在城市建设、农业、手工

玉璋 三星堆博物馆 供图

业等各个领域取得的辉煌成就，彰显了以三星堆为代表的古蜀文明作为中华文明多元一体的重要组成部分，在中华文明的起源和形成过程中发挥的重要价值和作用。

在"以玉通神——三星堆玉石器"单元，一块典雅的玉璋格外吸引人的目光。它线条流畅，色泽光亮，长54厘米。玉璋上刻有上下两组图案，每组图案都有人、山和牙璋，描绘了古蜀先民在圣坛上举着牙璋祭祀天地山川的场面。图案中的信息非常丰富，对研究古蜀人的宗教、祭祀、礼仪等具有重要的学术价值。

除了玉石饰件，展厅陈列的众多酒器及各类家养动物造型器物等，说明当时的农业已有相当水平，家畜饲养也具备一定规模。海贝、铜贝、漆器、青铜人像的服饰等物品，反映出当时商贸之盛况。此外，还有各种小巧精致、颇具神韵的人物与动植物造型陶器，展示了成熟高超的制陶工艺，体现了古蜀人的生活情趣与审美风尚。

馆内展示的金器和青铜器，是三星堆冶金工艺的代表。三星堆古蜀国冶金术在商代中后期已达至高度成熟，其合金配置水平和金属冶炼技术堪与同时期的商王朝相媲美。三星堆青铜器工艺繁复，造型精美，达到了当时范铸工艺的最高水平，其风格汲取商文化元素而又表现出强烈的地方民族个性。三星堆金器以捶拓、模压、粘贴、雕刻、镂空为主要技法，不仅种类丰富，量多体大，且制作精巧，应是作为权力象征而用于隆仪或祭典的重器。其中，金杖、金面罩等文化形式较为接近西亚近东文明，据此推测，商代中国西南地区与南亚、中亚和西亚地区之间已存在文化交流

● 三星堆金杖是我国夏、商、周三代考古中目前发现最大的一件黄金制品

三星堆博物馆　供图

　　在三星堆出土的黄金制品中，形体最大、最富特色和代表性的是一号坑出土的金杖。金杖全长1.42米，直径2.3厘米，是用重约500克的金皮包卷在木杖上制成，出土时，金皮内还有碳化的木渣。这件金杖是我国夏、商、周三代考古中目前发现最大的一件黄金制品。在金杖的一端，有一段长46厘米的图案，通过放大的线描图可以看出：下方图案为两个头戴五齿高冠、耳戴三角形耳坠的人头像，笑容可掬；另外两组图案为两头相向的鸟和两背相对的鱼，在鸟的颈部和鱼的头部叠压着一支箭。有学者推测，这段图案可能表现的是以鱼和鸟为祖神崇拜的两个部族结盟，建立了三星堆古蜀国，渔猎曾作为当时的经济生活手段。也有学者认为那是"穗形物"，反映出当时较为发达的水稻种植。

　　三星堆出土的一批青铜人物造像可谓绝世精品，它们既是神灵的象征，又是人间统治集团的代表。青铜大立人是三星堆文物中又一件举世瞩目的重器。它通高260.8厘米，分人像和底座两部分。人像高180厘米，头戴高冠，身穿窄袖衣，脚戴足镯，双手环握中空，环抱胸前，形象典重庄严。它似乎表现的是一个具有通天异禀、神威赫赫的大人物正在作法。

　　在三星堆众多的青铜雕像中，不论从服饰、形象还是体量等方面看，这尊大立人像都堪称它们的领袖。专家推测这是三星堆古蜀国集神、巫、王三者身份于一体的领袖人物，是神权与王权最高权力之象征。

　　综合馆的压轴展品是大型青铜通天神树。它造型奇异、风格瑰伟，体现了高超的冶铸技术和艺术水平。博物馆讲解员风趣地说："这是三星堆先民创造出的古代航天工程，因为它是通天地的。"

青铜神树由底座、树和龙三部分组成，通高3.96米，是我国迄今所见的青铜文物中形体最大的。铜树底座呈穹窿形，其下为圆形座圈，底座由三面弧边三角状镂空虚块面构成，三面间以内擫（yè）势的三足相连属，构拟出三山相连的"神山"意象，座上铸饰象征太阳的"擫"纹与云气纹。

关于这株铜树的内涵，目前学术界存在不同看法。有专家认为，它与《山海经》中记载的"建木"相关，铜树是古蜀人沟通人神、上下天地的天梯，反映了古蜀人交通于天人之际的特殊宗教权力被古蜀国神权政治集团所独占的情况。也有一种观点认为，铜神树为古蜀人的宇宙树，反映了他们的世界观。还有人认为，青铜神树起源于古人对日晕现象的认识，代表东西两极的扶桑与若木。

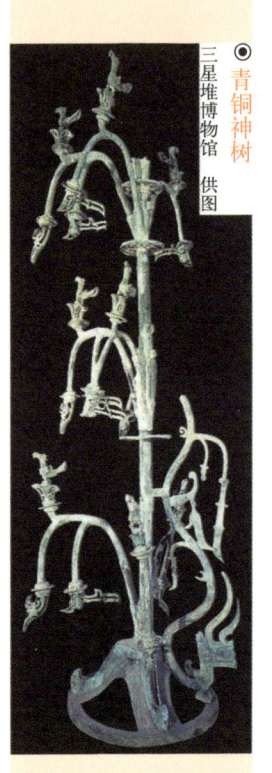

青铜神树 三星堆博物馆 供图

神秘的青铜王国

三星堆博物馆党组书记、常务副馆长朱家可说起三星堆，充满了自豪："三星堆的青铜器堪称一部雄奇壮阔的心灵史诗，将古蜀人的精神生活抒写得淋漓酣畅，为探索人类早期政治组织、社会形态演化提供了很好的样本。"

青铜馆的第一个展厅即面具厅，透出一种独特的神秘氛围。讲解员介绍说，以纵目面具为代表的青铜面具群，是三星堆最有特色、最具精神文化内涵的文物类型之一。三星堆遗址共出土青铜人面具20余件，这些面具均与人脸"三庭五眼"的标准比例不合，五官的夸张正是为了拉大与现实的距离而凸显其神性。

眼前这具商代青铜戴冠纵目面具，造型十分奇特。面具双眼眼球呈柱状外凸，向前伸出约10厘米，双耳向两侧展开，夔（kuí）龙形额饰高出79厘米，面具横断面呈"U"字形。据说，该面具出土时尚见眼眉描黛色，口唇涂朱砂。有专家认为，面具的眼睛大致符合史书中有关蜀人始祖蚕丛"纵目"的记载，由此判断它与神话中"人首龙（蛇）身""直目正乘"的天神烛龙有关。

步入青铜馆的中央大厅，两行青铜人头像列阵陈列，仿佛置身于几千年前的古蜀神庙中。青铜人头像大小与真人头部相当，颈部呈倒三角形，它们中既有夸张的造型，又有优美细腻的写真，组成了一个千姿百态的群体。

在众多青铜人头像中，戴金面罩的头像格外亮眼。戴金面罩青铜人头像分平顶和圆顶两种，其造型与不戴金面罩的青铜人头像大体相同。金面罩是用金块捶拓成金

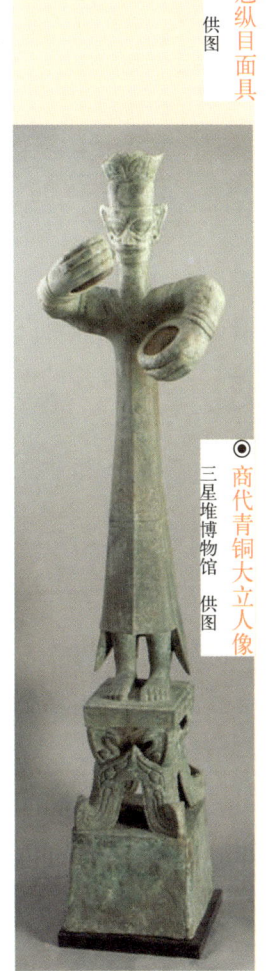

◉ 商代青铜戴冠纵目面具
三星堆博物馆 供图

◉ 商代青铜大立人像
三星堆博物馆 供图

◉ 青铜人首鸟身像，1986年三星堆遗址二号祭祀坑出土

范立 摄

◉ 戴金面罩青铜人头像

范立 摄

皮，将生漆调和石灰作为黏和剂，贴于铜头像上。上齐额，下包颐，左右两侧罩耳，耳垂穿孔，眼眉镂空。

专家认为，青铜人头像作为常设于神庙中的祭祀神像，在其面部贴金，目的并非仅是为了美观，而是与祭祀内容和对象有关，金面罩或许有娱神以使神更灵验的作用。在三星堆众多的青铜人头像中，戴金面罩的仅有4件，可能代表了特殊的身份。

青铜馆还展示了青铜太阳轮、青铜人首鸟身像、青铜神坛等奇妙诡谲的青铜制品。透过这些文物，可以窥见古蜀先民的精神世界，领略古代造型艺术的动人魅力。

"活起来"的建馆之路

三星堆遗址已被列入《中国世界文化遗产预备名单》，其历史、文化、科学价值可与同时期北纬30度上的古希腊、古埃及、古巴比伦等世界古文明媲美。作为遗址文化的主要载体，三星堆博物馆开创了一条创新发展之路，让文物"活起来""走出去"，让三星堆成为巴蜀文化的闪亮名片。

三星堆博物馆筹建之初，就明确提出"馆园一体"的办馆理念，采用"建筑、文物、陈列、园林"四位一体的布局，将文博事业与旅游产业结合，使遗址保护与利用相得益彰。

三星堆博物馆是国内首家引进并通过ISO9001质量管理体系和绿色环球21全球旅游可持续发展标准体系认证的博物馆。从1997年开馆至今，三星堆博物馆已接待中外游客2000多万人次，接待国内外政要近200人次。三星堆文物以文明使者的角色，赴美国、加拿大、法国、德国、英国、日本等国家展出，影响甚巨。2017年，由四川省委宣传部主办的"古蜀文明全球巡展"在西班牙马德里开幕，三星堆古蜀文明再次作为四川文化外交名片惊艳亮相，开启了新一轮全球巡展序幕。2019年3月，"三星堆：人与神的世界——四川古蜀文明特展"在意大利罗马图拉真市场及帝国广场博物馆开启了长达7个月的展出，东西方两大古老文明在亚平宁半岛上演了一场穿越时空的对话。

关于三星堆和古蜀文化，还有一系列未解之谜有待深入探索和研究。三星堆博物馆与科研机构和高校密切合作，通过举办学术研讨会、建立三星堆研究院、创办学术刊物《三星堆研究》等方式，推出了一批富有影响的学术成果，建立起了自己的学术人才队伍，文物修复、化学保护技术也日臻成熟，博物馆的学术地位和影响力显著提升。

三星堆博物馆还积极运用新媒体传播手段，与网友互动，成为文博界的"网红"。三星堆官方微博曾获"2017年度十大文博影响力官微"称号，截至2020年3月，粉丝数达到396万。

朱家可表示，下一步将围绕推进三星堆成为世界旅游目的地和世界古文明学术研究高地两个定位，着力构建三星堆古蜀文化传习传承传播体系，推动三星堆古蜀文化创造性转化和创新性发展，不断提升三星堆博物馆的知名度和影响力，让三星堆在当代焕发出更加灿烂的光彩。

（刘裕国　文）

成都金沙遗址博物馆

探寻神秘的古蜀王都

成都金沙遗址博物馆

2001年2月，在成都市西郊金沙村一处建筑工地里，出土了一些类似玉片和象牙残片的物件，金沙遗址由此揭开神秘的面纱。金沙遗址被认为是商代晚期至西周时期古蜀国的都邑所在，是四川继三星堆之后又一重大考古发现，入选"2001年全国十大考古发现"。

2007年4月，成都金沙遗址博物馆在金沙遗址原址拔地而起。这是一座为保护、研究、展示金沙文化和古蜀文明而兴建的遗址类博物馆，占地面积30万平方米，总建筑面积3.8万平方米，由遗迹馆、陈列馆、游客中心、文物保护与修复中心、金沙剧场、园林区等部分组成。金沙遗址博物馆现有文物藏品万余件，其中一级文物364件，尤以太阳神鸟金饰等国宝级文物闻名海内外。

保存最完好的古老祭祀遗存

走进全钢架构建的遗迹馆，只见一大片裸露的遗址上，分布着一个个不同深度的探方，有的探方里还埋着兽牙、兽角等遗物，

让人感觉进入了真实的考古现场。

遗迹馆是金沙遗址大型祭祀活动场所的所在地，总面积约7588平方米，是中国迄今发现的延续时间最长、保存最完好、遗迹和遗物最丰富的祭祀遗存。为了防止地下遗址被破坏，遗迹馆由15根架立在地表的钢架支撑，整座建筑的结构基础主要设在建筑外缘已完成发掘或经勘探无重要文化堆积的点位，馆内则为无柱大空间。

金沙遗址分布范围约5平方公里，年代为公元前12世纪至公元前7世纪（距今约3200—2600年），已发现的重要遗迹有祭祀区、宫殿区、墓葬区、生活居住区等。其中，祭祀区发现了60多处与祭祀活动有关的遗存，出土金器、铜器、玉器、石器、漆木器、陶器等文物6000余件，还有成吨的象牙和数以千计的野猪獠牙、鹿角等，堪称世界范围内出土金器、玉器最丰富，象牙最密集的遗址。

◉ 金沙遗址祭祀区出土的象牙 智美 摄

◉ 遗迹馆内埋藏着大量兽牙、兽角等 成都金沙遗址博物馆 供图

◉ 祭祀区的有领玉璧 成都金沙遗址博物馆 供图

  遗迹馆以发掘现场的原生态保护展示为主，依据当时出土的遗物种类划分不同区域，每个区域都有展示牌，介绍这里的发掘情况。

  一号坑是金沙遗址祭祀区发现的形状最规整、埋藏文物最集中的一处祭祀遗存。坑内的器物分层摆放，上层全部堆积象牙，象牙摆放极有规律，场面非常壮观。从断面观察，象牙多达8层，平均长度为1.2—1.6米。如今，坑已回填，地表可以看到一个个灰色小土包。

  在一处探方内，一名身穿蓝色工作服的工作人员正拿刷子蘸取一些白色液体，轻轻刷在坑内半埋半现的遗物上。为了让观众直观地看到遗物埋在探方内的场景，该馆将一些野猪獠牙、象牙、鹿角等留在原处，定期由工作人员为其涂抹保护液进行维护。

  由于祭祀区的堆积情况极为复杂，出土的文物又极其珍贵，需

◉ 图中小土包下是被就地回埋的象牙遗物　智美 摄

◉ 工作人员正在对遗迹馆内的兽牙遗物进行维护　智美 摄

即时进行保护,因此主要的发掘工作自2002年就中止了。大量的探方目前只到西周晚期的地层,离生土还有近3米深。时至今日,已挖掘的区域只占整个金沙遗址的1/10,出于遗址保护的目的,今后不会再进行大规模发掘。

出土文物工艺水平令人叫绝

陈列馆是一座斜坡状方形全钢架建筑,它与遗迹馆一方一圆,彰显古人天圆地方的宇宙观。

陈列馆的"走进金沙"主题展由"远古家园""王都剪影""天地不绝""千载遗珍""解读金沙"5个展厅的展示内容组成。展览通过实物与多媒体技术相结合的方式,从生态环境、建筑形态、生产生活、丧葬习俗、宗教祭祀等多个角度,全面展示了金沙文明的灿烂辉煌。

在"远古家园"展厅,一幅巨大的半景画再现了3000年前金沙先民的生活环境。"王都剪影"将碎片化的考古发掘成果巧妙拼贴,呈现出一幅幅金沙先民生产生活的剪影:居所、工具、烧陶、冶铸、制玉、墓葬……一个规模宏大、规划严密、社会组织结构清晰的商周时期古蜀王国都城图景浮现在世人眼前。

"天地不绝"展厅分门别类展示了金沙遗址出土的祭祀遗物，包括大量的象牙和玉器。讲解员介绍，这里的象牙不以根计算，而以吨计，如此庞大的数量全世界罕见。

"千载遗珍"是整个展览的精华部分，集中展示了金沙遗址出土的30余件珍贵文物，包括玉圭、玉戈、玉璋、玉璧、玉琮等玉器，太阳神鸟金饰、黄金面具、蛙形金箔等金器，此外还有石跪坐人、石虎等石器和青铜立人、带柄有领铜璧等青铜器。

在展厅正中央，陈列着金沙遗址博物馆的镇馆之宝太阳神鸟金饰原件。它外径12.53厘米，内径5.29厘米，厚度仅0.02厘米，重20克。外廓呈圆形，图案分为内外两层。外层图案由4只等距分布的相同的鸟组成，鸟均作引颈伸腿、展翅飞翔的状态，逆时针方向飞行。内层图案为等距分布的12条弧形齿状芒饰，按顺时针方向旋转。在红色衬底上观看，金饰的内层图案很像一个旋转的太阳。

太阳神鸟金饰的图案很容易让人联想到《山海经》中"金乌负日"的神话传说。古人认为，太阳不像鸟儿有翅膀，无法自

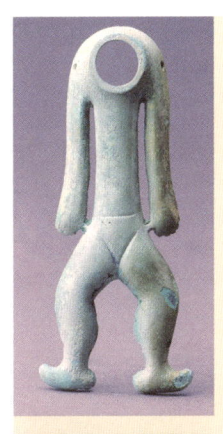

◉ 商周青铜人形器　成都金沙遗址博物馆　供图

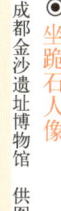

◉ 坐跪石人像　成都金沙遗址博物馆　供图

◉ 青铜立人。头戴插有弧形芒状饰的涡形帽圈，腰间插着象征权力的杖饰　成都金沙遗址博物馆　供图

行在空中移动,其之所以能够东升西落,是因为每天有金乌背负着太阳从东方的扶桑飞向西方的若木,日出日落,循环往复。有专家推测,太阳神鸟金饰内层的12道芒饰可能代表一年的12个月或一天的12个时辰,外层的4只鸟则可能象征春夏秋冬四季或东南西北四方,体现了古蜀先民对自然规律的深刻认识。

太阳神鸟金饰由自然砂金制成,含金量高达94.2%,是金沙遗址出土金器中含金量最高的。3000年前的古蜀先人竟能制作出如此镂刻精美、厚度极薄的金饰,其工艺水平令人惊叹。

2005年,太阳神鸟金饰从1600余件候选图案中脱颖而出,被选为中国文化遗产标志。其后又被确定为成都市城市形象标志的核心图案。2013年,国家文物局将太阳神鸟金饰列入《第三批禁止出国(境)展览文物目录》。

展厅中还有一件金器非常引人注目,这是一件宽19.5厘米、高11厘米、厚0.04厘米的黄金面具。面相近方形,额齐平,长刀形眉凸起,大立眼,鼻子高挺,嘴巴微张呈狭长方形,耳朵外展,上宽下窄,耳垂各有一孔,下颌齐平略向内折。面具造型立体丰满,表情威严,闪耀夺目。

这件面具是目前国内发现的同时期形体最大、保存最完整的金面具。此前商周时期的古遗址从未发现过类似金面具。该面具与广汉三星堆遗址出土的青铜人头像、青铜人面具在造型风格上基本一致,证明金沙遗址与三星堆遗址有着紧密的承袭关系。

在出土的众多玉器中,有一件肩扛象牙人形纹玉璋格外重要。玉璋为平行四边形,两面分别用极浅的线条刻画出两组对称图案,每组图案由一跪坐人像、两道云雷纹、四条平行线纹构成。人像头戴高冠,高鼻、立眼、阔口、方耳、方颐,身着短袍,双膝着地,左手持握,肩扛一物。

玉璋上刻画的人,其头部与三星堆遗址的青铜人头像极为相

⊙ 太阳神鸟金饰

成都金沙遗址博物馆 供图

⊙ 商周大金面具

成都金沙遗址博物馆 供图

成都金沙遗址博物馆

似。此人肩头所扛前尖后宽的柱状物,专家判断应是一根完整的象牙。肩扛象牙人形纹展示了金沙遗址的巫师肩扛着象牙进行祭祀活动的场景,向我们揭示了象牙在祭祀中的使用方法。

金沙遗址出土的玉器中还有良渚文化十节青玉琮等文物,反映了古蜀文明与长江下游的良渚文明之间的交流与联系。

多元一体文明起源的重要佐证

陈列馆的最后一个展厅用中央沙盘展示了古蜀文明的分布区域及其与周边文化的关系,通过图片展板和文物讲述了"宝墩文化—三星堆文化—十二桥文化—晚期蜀文化及战国青铜文化"的发展历程。

金沙遗址的发现,极大地拓展了古蜀文化的内涵与外延,对蜀文化起源、发展、衰亡的研究有着重大意义,特别是为破解三星堆文明突然消亡之谜找到了有力证据。金沙遗址与成都平原的史前城址群、三星堆遗址、战国船棺墓葬共同构成了古蜀文明发展演进的四个阶段,共同证明了成都平原是长江上游文明起源的中心,是华夏文明重要的组成部分,为中华古代文明起源"多元一体"学说的确立提供了重要佐证。2010年10月,成都金沙遗址博物馆被评为中国首批国家考古遗址公园。

自2007年正式开放以来,金沙遗址博物馆已接待观众超过千万人次,举办了多场"金沙讲坛"、学术交流和文化惠民演出等活动。从2015年开始,金沙遗址博物馆与海外文博机构合作,相继举办了"与神共舞:非洲雕刻艺术展""永恒之城——古罗马的辉煌""古埃及:法老与神的世界"等特展。这些展览向观众打开了感受世界古老文明的窗口,同时也发掘出与古蜀金沙、丝绸之路等主题相关联的文化内涵。

除了"引进来",金沙遗址博物馆也致力于将古蜀文化传播到世界各地。自2003年起,金沙遗址出土文物精品先后飞往法国、日本、新加坡、意大利、美国等国家交流展览,将神秘的古蜀文明带向世界。

(智美 文)

◉ 肩扛象牙人形纹玉璋
成都金沙遗址博物馆 供图

自贡市盐业历史博物馆

传承两千年井盐文明

自贡市盐业历史博物馆

位于四川省自贡市区龙凤山下的西秦会馆，是闻名遐迩的自贡市盐业历史博物馆所在地。6根赤红大柱撑起了层层高挑的飞檐，塔形屋顶巍峨雄奇，仿佛展翅的巨鹏即将腾空而起。西秦会馆是清代陕西籍盐商聚会议事的同乡会馆，既是中国古建筑宝库中的艺术精品，又是盐业发展史上不可多得的文物。

1959年，邓小平倡议建立自贡市盐业历史博物馆，并亲定选址西秦会馆，郭沫若题写馆名。这是中国唯一一座井盐史专业博物馆，现为国家一级博物馆、自贡世界地质公园核心园区。走进这座古建筑群，四川两千年井盐文明的史诗画卷铺陈开来。

"千年盐都"名不虚传

沿着绿荫下的青石阶梯拾级而上，进入序厅，一座古铜色盐工凿井雕塑赫然在目。盐工身材魁梧，手握200多斤重的凿井钻头（俗称铁锉），正用力凿向脸盆大小的井口（俗称井帽子）。铁锉和井帽子都是从自贡盐场征集而来，是当年盐场工人使用过的。在

序厅的盐工凿井雕塑 自贡市盐业历史博物馆 供图

修治井工具 自贡市盐业历史博物馆 供图

自贡这片土地上,盐工们曾先后开凿了 1.3 万多口盐井。1939 年,自贡因盐设市,从境内的自流井和贡井井名中各取第一个字,就成了"自贡"。

博物馆展出的中国盐产区位图显示,自贡有近 2000 年的产盐历史,自贡第一口盐井"富世盐井"开凿于东汉章帝年间,在当时的江阳县(今富顺县)境内。在自贡众多盐井中,燊(shēn)海井非常出名,它是世界第一口超千米深井,采用冲击式顿钻凿井法于 1835 年钻成,深度达 1001.42 米,它的钻成标志着中国古代钻井技术的成熟。现在燊海井还保留着原址原貌,作为景点对外开放。

中国第一口盐井的开凿者是谁?据史料记载,这人正是主持修建都江堰水利工程的李冰。公元前 250 年左右,李冰带领百姓在广都县(今成都双流)开凿了中国第一口盐井"广都盐井",从此拉开了中国井盐生产的序幕。

博物馆里的图片和文物告诉我们,早期人们挖掘盐井的方式与挖掘水井并无多大差异,使用的工具都是锄、锸、锤、粗等,完全靠人力挖掘、破碎岩石完成。这种方式挖出的盐井,井口大、井身浅,一般只有几十米,最多上百米深,被称为大口浅井。

至北宋庆历年间,人们挖大口径盐井采盐已历时 1000 多年。由于长期大量开采导致浅层卤水枯竭,而继续加深大口浅井又困难重重,四川盐业产量日渐萎缩。为了提高产量、满足社会需求,四川盐工在总结前人经验的基础上,发明了一种新的凿井方式——冲击式顿钻凿井法,此法凿出的盐井井口小而深,被称为"卓筒井"。

◉ 凿井碓架 自贡市盐业历史博物馆 供图

北宋苏轼的《蜀盐说》中对四川首创的卓筒井有所记载,"用圆刀凿山如斗大,深者至数十丈则咸泉自上"。

凝聚智慧的卓筒井

卓筒井究竟是如何凿成的呢?博物馆展出了一组模型,并配合声、光、电等现代展示手段,在讲解员的生动解说和演示中,古人凿井取盐的场景重现在观众面前。

首先,盐工们选择合适的位置搭建碓架,然后站在碓架上用力踩动中间碓板。碓板的另一头挂着铁锉,随着碓板的起落,铁锉不断冲击井口和井底岩层,将岩层捣碎成碎石岩屑,再往井内灌入淡水,使之混合成泥浆,再用特制的扇泥筒将泥浆提取上来。扇泥筒上下扇动几次,使泥浆灌满筒内,然后提至井口,用勾水器顶开单向阀,放出泥浆。就这样,凿井、扇泥交替进行,不断加深盐井。

为保证顿钻凿井顺利进行,古人探索出井下事故的修治方法,

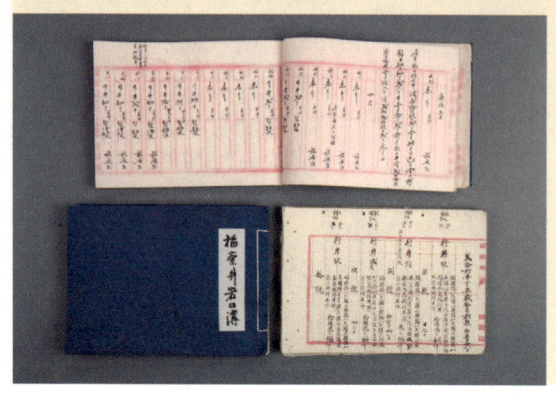

● 记录凿井过程的岩口簿 自贡市盐业历史博物馆 供图

并制作了20多种巧妙的修治井工具。博物馆里陈列着各种工具的缩小模型，这些工具大部分由防腐蚀性强的竹子制成。

眼前这根笔直的长六七米的竹筒叫做样筒，其直径略小于井径，在凿井时，每凿一节就要用样筒来测量井身是否弯斜。如果井凿斜了，就用丢灰筒将裹上油灰的硬碎石丢到弯斜处压紧夯实，使其和岩层融为一体，然后用带扶正器的铁锉重新开凿。

此外，还有令人叹为观止的打捞工具，它们结构各异却都有倒钩，能把井下落物打捞上来。"铁五爪"由5块铁片组成，就像人的5个手指头。当石块落入井下后，用它来打捞。铁片内侧有层层的倒钩，上面一个铁圈可以调节铁片下端撑开的大小。

井凿好后，用汲卤筒来提取卤水。汲卤筒由楠竹打通竹节制成，底端安上熟牛皮做的单向阀，提取原理与扇泥筒类似。为了一次提取更多的卤水，工人们将汲卤筒制作得越来越长，这就要求搭建的井架更高更坚固。井架从最初的单脚发展到两脚、四脚、八脚甚至十二脚，而且越建越高，盐工们称这些高耸入云的井架为"天车"。历史上最高的一座天车有113米，相当于30多层楼那么高，堪称蜀地最高的木结构建筑。

保护弘扬盐文化

自1959年建馆以来，自贡市盐业历史博物馆征集了大量以反映盐业史为主的文物，总数近2万件(套)，其中一级文物55件(套)。

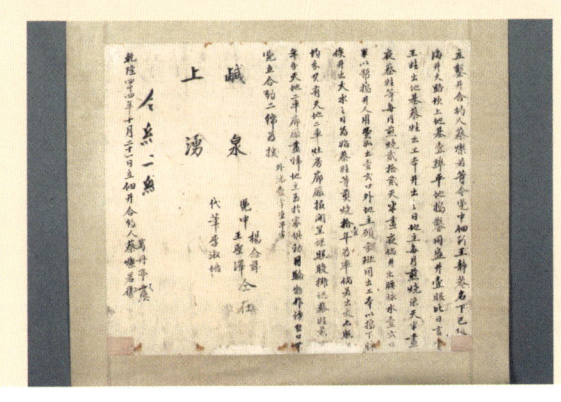

盐业契约——同盛井约 自贡市盐业历史博物馆 供图

这些藏品中,既有世界上唯一一套中国古代钻井治井工具群,又有被称为"中国最古老股票"的盐业契约、账册、记录凿井过程的岩口簿等。此外,还有一批传世文物和艺术珍品。

"中国古代钻治井工具群堪称镇馆之宝,它们是中国乃至世界钻探工业起步的重要证物,是历代盐工精湛技艺的生动体现。"自贡市盐业历史博物馆馆长程龙刚说,英国科学史家李约瑟在其著作《中国科学技术史》中高度肯定了中国开凿盐井的技术,并认为这开创了现代机械钻井的先河。

为保护这套珍贵文物,自贡盐博馆与高校合作研制出自贡盐业铁工具防锈处理配方,成功保护了馆藏500多件铁质文物,并向全国推广保护技术。

从2000年至2005年,自贡盐博馆分3期对基本陈列进行大规模改造,用"中国井盐科技史"取代了"井盐生产技术发展史",展示内容更加丰富,形式更加生动多样,科普效果和观众体验更好。

自贡盐博馆培育了一支高水平的盐业史研究队伍,发表数百篇专业论文,出版30余部书籍,馆刊《盐业史研究》向国内外公开发行,成为中国盐业历史文化研究成果的重要发布平台。博物馆还自主开发了100余种文化创意产品,取得良好的社会和经济效益,使盐文化得以充分弘扬和传播。

(刘裕国 文)

自贡恐龙博物馆

带你走进侏罗纪世界

自贡恐龙博物馆

　　初秋的自贡，天高云淡，山色葱茏。汽车在宽敞、流畅的高速公路上飞驰，两个多小时前还在成都，在车上打个盹儿，睁眼便是举世闻名的自贡恐龙博物馆。

　　自贡是侏罗纪"恐龙之乡"，以恐龙化石埋藏点多面广、数量巨大、种类众多、保存完好、层序连续等特点著称于世。自贡恐龙博物馆位于自贡市东北部，距市中心10公里，是在"大山铺恐龙化石群遗址"上建设的大型遗址类自然博物馆。1987年建成开放，是亚洲建成最早、影响最大的恐龙博物馆，也是全世界最著名的恐龙博物馆之一，被美国《国家地理》杂志评价为"世界上最好的恐龙博物馆"。

壮丽的侏罗纪生命演进画卷

　　这个总建筑面积1.18万平方米的恐龙博物馆，绿意盎然，生态宜人。博物馆分为游客中心、主展馆和地质遗迹馆三大部分，其造型各具特色，寓意深远。游客中心好似一只巨大的剑龙张开双臂，迎接四方来客。主展馆远眺如同一座巨型岩窟，近观又似一具侧卧着的恐龙，它以"洪荒时代，一堆化石"为构思基调，宁静而灵动。新地质遗迹陈列馆犹如一个刚刚破壳的恐龙蛋，掩映在碧绿丛林中，树影婆娑，若隐若现，给人以无限的遐想。自贡恐龙博物馆堪称我国现代博物馆建筑设计的经典之作，曾获中国建筑设计金奖。

博物馆的主体陈列"神奇的侏罗纪世界"包括"恐龙世界""化石遗址""中央大厅""恐龙时代的动植物""珍品厅"等五个单元。

走进主展馆，迎面是一道石砌屏风，上面镌刻着原国防部长张爱萍将军题写的"恐龙群窟，世界奇观"8个鎏金大字。沿着地面上的"恐龙足迹"往前走，就进入了"恐龙世界"展厅。

这里是名副其实的侏罗纪恐龙世界！800平方米的大厅内，陈列着20多具大小不一、种类不同、形态各异的恐龙骨架。这些恐龙骨架全部出土于自贡，采用开放的场景式陈列和有故事情节的拟人化组合方式，讲述着恐龙时代的一个个有趣故事："生死时速""奋起反击""结伴而行""舐犊情深"……展现出一幅幅生动的侏罗纪生命演进画卷。

自贡四川龙，是一种肉食性恐龙。体长约6米，头骨很大，牙齿尖锐，呈匕首状，边缘有锯齿。颈部和躯干短，尾部长。前肢较短，后肢长而粗壮，趾端有锐爪。它是自贡地区侏罗纪中期最凶猛的捕食者之一。

四川巨棘龙是一种形状非常奇特的剑龙，体长约5.5米。其肩部长有一对巨大的"逗号"状骨棘——副肩棘。这是世界上首次发现的、与肩带骨骼呈关联状态保存的副肩棘，为确认其准确位置提供了确凿的化石证据。同时，在其右侧肩棘上还发现了世界上首例剑龙皮肤（印痕）化石，具有重要的科学价值。

这里还有中国乃至世界上迄今发现最完整的小型鸟脚类恐龙化石。它们身材娇小，体长不到2米，前肢短小，后脚细长，擅于快速奔跑，常生活在河滩、平原等开阔地带，以娇嫩的树叶为食。

多彩的中生代动植物天堂

穿过"恐龙世界"，进入博物馆的核心——化石遗址厅。在1350平方米的化石埋藏现场，数千块恐龙骨骼镶嵌在灰绿色的砂岩中，交错横陈、重叠堆积，景象非常壮观。这里既可以凭栏远眺，感受恐龙公墓的恢弘气势，也可走下扶梯，站在观景平台和木栈道上近距离观赏那一块块冰冷的骨骼，还可通过触摸屏和多媒体终端了解遗址的历史、价值、形成之谜等。

与遗址厅相邻的是宽敞明亮的中央大厅，它既是遗址厅的延续，也是观众休息和参与互动的场所。这里供观众俯瞰遗址的围栏巧妙地设计成逗号型，寓意我们对大山铺恐龙化石群的研究还在进行中，只能打逗号，不能打句号。该厅中还设有"与恐龙比高矮""触摸恐龙化石""人龙互动""我来认化石"等体验项目，以增强观众的参与性和娱乐性。

走上博物馆二楼，来到"恐龙时代的动植物"厅。恐龙时代并非恐龙一统天下，当恐龙逐渐在陆地上称霸的时候，其他种类的爬行动物则统治着海洋和天空，而鱼类、两栖类、早期鸟类和哺乳类以及大量无脊椎动

◉ 恐龙化石埋藏现场　余刚 摄

和平永川龙头骨　余刚 摄

物也在海、陆、空各自的生态领域里繁衍生息。这个展区包括"恐龙时代的陆地景观""恐龙时代的水生世界""恐龙时代的空中主人"和"恐龙时代的植物王国"四部分,展示上百件恐龙时代的其他动植物化石,呈现出一个多姿多彩的中生代动植物天堂。

在这里,可以看到形状特别的长头狭鼻翼龙化石。它是一种比较原始的喙嘴龙类翼龙。头骨低长,眼眶大而圆,鼻孔狭长,牙齿细长而尖锐,主要生活在河流或湖泊等水体边缘地带,以捕食鱼类为生。据专家介绍,它是大山铺蜀龙动物群中唯一的翼龙类化石,也是我国中侏罗统地层里发现的少数几种翼龙类化石之一,对于早期翼龙的分布和演化研究具有重要价值。

紧邻动植物厅的是珍品厅。这里集中展示了博物馆收藏的众多世界级、国家级的珍贵藏品,既有非常完整的和平永川龙头骨、太白华阳龙头骨、李氏蜀龙头骨,也有难得一见的马门溪龙皮肤(印痕)化石和剑龙皮肤(印痕)化石,还有自贡地区独有的蜥脚类恐龙尾锤化石等。

太白华阳龙是一种中等大小的剑龙,体长约4.3米。其头骨楔形,大而厚重,牙齿叶状,身体背面的剑板形态变化较大,通常生活在河湖边上的丛林地带,以柔嫩的灌木树叶为食。太白华阳龙化石是目前世界上发现的保存最完整、最原始的剑龙化石。它的发现为剑龙起源于亚洲的观点提供了实证,对于剑龙类的起源和演化研究具有极为重要的价值。

太白华阳龙复原图

凌曼 绘

李氏蜀龙头骨高长适中,牙齿细长,略呈勺状,颈部较短,尾端有一个骨质的尾锤。它是原始蜥脚类恐龙,是大山铺中侏罗世蜀龙动物群的主要成员,通常生活在河畔湖滨地带,以柔嫩多汁的植物为食。这是世界上首次发现的带有尾锤的蜥脚类恐龙,它的发现改变了过去认为蜥脚类恐龙不具备自卫能力的传统认识,并为蜥脚类恐龙属于陆生生物的观点提供了有力的化石证据。

杨氏马门溪龙是一种大型长颈蜥脚类恐龙,体长约17米。其头骨轻巧,开孔很大,牙齿典型勺状,颈部和尾部相对较长。主要生活在植被繁茂的冲积平原,以高大乔木的细枝嫩叶为食。自贡恐龙博物馆所展示的,是世界上第一具保存有完整头骨的马门溪龙化石,为确认马门溪龙的头骨类型和牙齿形态提供了化石证据。同时,它也是我国第一具保存有皮肤(印痕)化石的蜥脚类恐龙,为这类恐龙的表皮复原和形态结构研究提供了依据。

丰富的恐龙文化创意产品

早在1988年,自贡恐龙化石第一次"走出去"在珠海博览会展出,开创了恐龙化石流动展览的先河。此后,恐龙化石频繁走进国内外博物馆、会展中心、大型商场、主题公园等。迄今为止,共举办出国出境展20多次,足迹遍布五大洲。在国内更是每年约展不断,先后在北京、上海、广州、南京等城市展出,接待国内游客超过2000万人次。

"通过对博物馆文化创意内涵、衍生途径、受众心理的研究,我们选择了以开发自贡恐龙吉祥物入手,运用互联网思维,打造恐龙文化创意产业链。"自贡恐龙博物馆副馆长李飚介绍,2013年自贡恐龙博物馆面向全球征集吉祥物形象,从近千件应征作品中提炼出一组公众普遍认可的恐龙吉祥物形象。2015年再次借助互联网,为这6个恐龙"萌宠"征集了名字和相应的故事。吉祥物变得有血有肉有灵魂,为接下来的创意开发奠定了基础。博物馆已开发了丰富多样的文创产品,包括动漫短片《恐龙馆之夜》、4D电影《侏罗纪大冒险》、科学艺术画册《画说恐龙》等。

博物馆还着力打造可以持续推广的主题文化品牌。自2013年起,连续举办"自贡恐龙复活节",通过多元化的创新手段,让自贡恐龙"活起来",让观众认识了一个更有生机、更有亲和力的博物馆。

2018年8月,"2018华侨城·自贡国际恐龙灯光节"隆重举行。自贡市还与深圳华强方特集团合作建设"恐龙王国公园"。恐龙已成为自贡的一张名片,以恐龙为主题的文化创意产业和旅游产业欣欣向荣,成为城市经济转型升级的突破口之一。

(刘裕国 文)

邯郸市博物馆

八千年文化 一朝赏

邯郸市博物馆

　　一座城，历经 3000 多年岁月更迭，"行不更名坐不改姓"，这座城叫邯郸。据考证，"邯郸"之名在秦代基本定型，一直沿用至今，这在中国地名史上实属罕见。

　　早在 8000 年前的新石器时代中早期，邯郸先民就已在磁山一带繁衍生息，创造了灿烂的农业文明。在悠远漫长的历史进程中，邯郸孕育形成了磁山文化、赵文化、曹魏建安文化、磁州窑文化等十大文化脉系。让我们走进邯郸市博物馆，从一件件文物中领略这座国家历史文化名城的深厚底蕴和创新精神。

　　邯郸市博物馆坐落在河北省邯郸市中华大街中段，与"赵武灵王丛台"巍然相望。博物馆占地面积 1.8 万平方米，建筑面积 1.1 万平方米，展厅面积 6000 平方米，现有"磁山文化""赵文化""方圆世界——中国历代钱币""邯郸古代石刻艺术""中国磁州窑瓷器"等五大基本陈列，其中"中国磁州窑瓷器"陈列曾获 2003 年全国"十大陈列展览精品奖"。

磁山文化，农耕文明里程碑

走进磁山文化展厅，首先映入眼帘的是一幅磁山人生产生活的场景，耕织、狩猎、采集果实，构成了磁山人原始的生产方式。磁山人居住的"房屋"独具特色。磁山文化遗址地处黄土堆积较厚、雨量较少、气温较低的华北地区，在这样的地理气候环境下，磁山人"掘穴而处"，达到避风御寒的目的。

"磁山文化是我国新石器时代考古文化的重大发现，是以粟作农业和定居生活为特点的原始农耕文化的典型代表，表现出人类利用和改造自然的奋斗精神。"邯郸市博物馆副馆长陈斌介绍。

1976年在武安磁山文化遗址开始的考古发掘，出土了陶器、石器、骨器、蚌器等5000多件和大量家禽家畜、胡桃等动植物标本，还发现了约14万斤炭化的粟。粟（谷子）、家鸡和胡桃（核桃）三大发现，改写了我国乃至世界粟作农业、家鸡驯养和核桃产地的历史。邯郸被证明是世界上粟最早的发源地，也是最早养殖家鸡和种植核桃的地区。磁山文化堪称中华民族走向文明的一个重要里程碑——告别茹毛饮血的野蛮时代，开创种粟养畜新纪元。

从博物馆陈列可以看出，以陶质平底盂、鸟头形支脚为特点的生活用具，以石制

◉ 磁山文化陶盂、陶支脚
邯郸市博物馆 供图

斧、铲、磨盘、磨棒为特点的农耕和脱粒工具,以长方形坑穴为特点的粮食窖穴,以陶、石器组合物为特点的祭祀或原始宗教遗迹等,构成了磁山文化的丰富内涵。

有意思的是,8000年前的磁山先民就表现出对美的追求。出土遗物中部分陶器、烧土块上的编织类纹饰和印痕间接展现了磁山文化的编织工艺技术。遗址中还出土了发笄(jī)、用于佩戴的蚌环、穿孔蚌饰等装饰品。从这些人体装束、器物造型和装饰来看,磁山文化处于原始文化艺术的萌芽阶段。

赵文化,开放进取的雄壮诗篇

赵文化滥觞于春秋,兴盛于战国,延续至两汉,在历史的长河中流淌至今,形成了独特的风韵。

邯郸曾是战国时期赵文化的中心,是赵文化形成并走向成熟的地方。这里产生了发达的冶铁、制铜、制陶等手工业,形成了繁荣的城市商业贸易,孕育了荀子、公孙龙、慎到等学术大师,涌现出赵武灵王、廉颇、蔺相如、赵奢等一批英雄人物。赵文化是华夏农耕文明与北方草原游牧文化交汇、融合的结晶,是一种开放、包容、进取的文化。

说到赵文化,怎么都绕不开马。据《史记》载:"穆王使造父御,西巡狩,见西王母,乐之忘归。而徐偃王反,穆王日驰千里马,攻徐偃王,大破之。乃赐造父以赵城,由此为赵氏。"造父御敌有功,被周穆王封到赵城后,以邑为氏,这是赵姓由来,造父由此成为赵国的始祖。战国时期,赵武灵王为使赵国在政治上、军事上迅速强大起来,推行"胡服骑射"的改革方案,很快使赵国跻身"战国七雄"之列。

在赵文化展厅,最引人注目的是三匹青铜马。它们形态各异,一匹作仰头行走状,一匹作低头伫立状,一匹作俯身觅食状。为了

战国时期赵国铸造的三匹青铜马 邯郸市博物馆 供图

全方位展示这组国家一级文物,博物馆使用了旋转展台,便于观察这三匹马的每个细节。仔细端详可以发现,这三匹马的尾巴均打结,而且肌腱隆突、四肢发达、背部丰满、臀部强健、马颈有力,根据这些特征,专家推断它们是成年蒙古战马的造型,很有可能是赵武灵王实行"胡服骑射"的产物。这三匹青铜马造型生动,刻画细腻,反映了战国时期赵国青铜铸造艺术的精湛和审美特点。

博物馆另一件镇馆之宝是汉代"蜀西工"造金银涂乘舆大爵酒樽。物以稀为贵,汉代是青铜器制造的末期,青铜器存世量少,制作如此精美的更是稀有。这件青铜器分乘盘和酒樽两部分,通体鎏银,纹饰鎏金。酒樽为直桶状,通高28.27厘米,直径35厘米,重9640克。腹部两侧透雕蟠龙铺首衔环,酒樽壁部采用细线镂刻手法,描绘出流云、鸟兽、奔鹿、羽人、西王母、侍者、奇花异草等神仙境界的生动画面。酒樽底部以熊饰作三足,装饰与乘盘足相同,熊以肩乘盘,张口吐舌,面相狰狞。酒樽盖隆起,上面三只朱雀展翅欲飞,十分精美。

酒樽是汉代贵族专用的高级酒器。它一般置于宴饮场合中间,

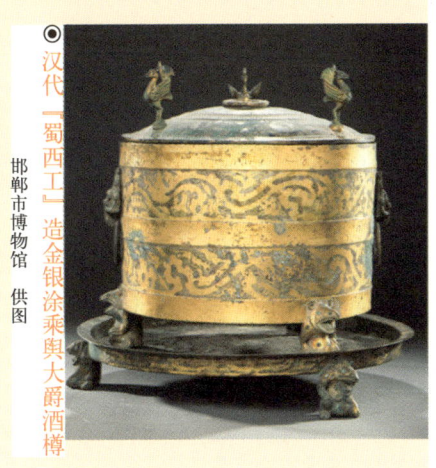

汉代"蜀西工"造金银涂乘舆大爵酒樽

邯郸市博物馆 供图

由主人用勺为宾客盛酒。目前这种酒樽全国仅有2件,另一件藏于故宫博物院。

磁州窑文化,工匠精神典范

磁州窑火,千年不熄。磁州窑是古代中国北方最大的民窑体系,自北朝绵延至今,已有1400多年历史,期间从未断烧,这在全国是独一无二的。磁州窑研究是一项国际性课题,日本、英国、美国、加拿大、韩国及东南亚等国家和地区都有学者研究磁州窑。

磁州地区的大青土并非烧制瓷器的上佳材料,这种土颗粒较粗,结构疏松,烧制出来的瓷器表面粗糙,呈灰色和灰褐色。正是在这种先天不足的情况下,磁州窑的工匠们扬长避短,开拓创新,在粗糙的胎体外表施加一层白色的化妆土,再施一层透明釉,在宋代烧成了磁州窑独特的白釉瓷。经过长期的实践探索,磁州窑创造出了"白地刻花""铁锈花""珍珠地""白地褐彩""白剔花""黑釉剔花""篦划花"等60多种装饰技法,并不断改进配方,烧出了满天星、玳瑁、兔毫、鹧鸪斑等巧夺天工的窑变釉瓷器。磁州窑最具特色的白地黑花装饰艺术,集诗、书、画于一体,引领了瓷器装饰艺术的潮流。

邯郸市博物馆藏有一件宋代白地黑绘"欲作高堂梦"文字枕，是目前所见最早的磁州窑诗文枕。瓷枕长 26 厘米，高 19 厘米，椭圆形，周壁圆弧，顶面两端略翘，前低后高，平底。枕面白釉黑绘"欲作高堂（唐）梦，须凭妙枕欹"词句。诗文出自战国楚襄王游高唐时梦见巫山神女的典故。

从普通的碗、盘等日用品到诗文枕、诗文瓶等高端文化产品，磁州窑瓷器以器型优美、装饰手法多样、色彩对比强烈、题材广泛、技艺高超著称，在艺术上表现了强烈的民族意识。

今天，磁州窑文化在传承中不断创新发展，焕发出新的活力。

（马晨 文）

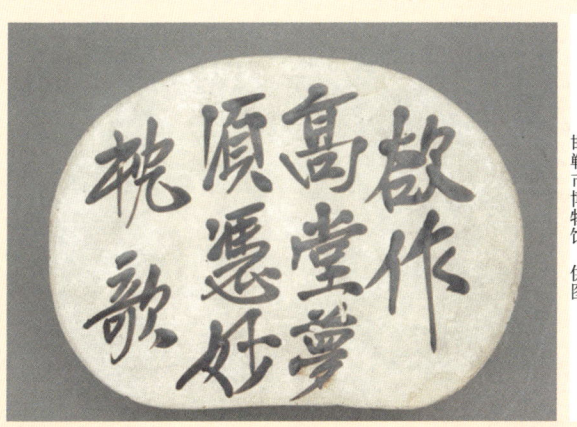

● 宋代白地黑绘「欲作高堂梦」文字枕

邯郸市博物馆 供图

● 元代白地黑花时苗留犊枕

邯郸市博物馆 供图

一四七　邯郸市博物馆

青岛市博物馆

大海边的文化明珠

青岛市博物馆

提起山东青岛,人们首先想到的是这座海滨城市蔚蓝的大海、宜人的气候和发达的经济。很多人并不知道,青岛的文博事业也很发达。由于各类博物馆和名人故居众多,青岛市正在打造"博物馆之城"。青岛市博物馆作为青岛市唯一的国家一级博物馆,堪称青岛地区文博行业的龙头。

青岛市博物馆1965年建立,原址位于青岛市大学路南端。1996年,青岛市政府决定在东部新市区建设青岛市博物馆新馆。2001年,坐落于崂山区梅岭东路的新馆全面开放。青岛市博物馆现有12万件(套)、24万余件藏品,包括一级文物197件(套)、二级文物2114件(套)、三级文物7193件(套),在全国地市级博物馆里无论是藏品数量还是精品度都名列前茅。2008年,青岛市博物馆入选首批国家一级博物馆,2009年又被评为全国和山东省古籍重点保护单位。

目前,青岛市博物馆设有通史展览"青岛史话——青岛地区历史陈列"和6个专题展览:"彩瓷聚珍——馆藏明清瓷器陈列""古

明代《道藏》 青岛市博物馆 供图

钱今说——馆藏古代钱币陈列""百工奇技——馆藏古代工艺品陈列""李汝宽家族捐赠陈列""左臂丹青——高凤翰书画艺术陈列""乡间画记——馆藏山东民间木版年画艺术陈列",充分体现其馆藏优势和地方特色。

镇馆之宝独具特色

如果你到青岛市博物馆参观,可能不会相信这里展出的道教经籍总集《道藏》是400多年前的印本:纸色基本不泛黄,字迹、图画清晰不漫漶,绢丝质地的黄色题签还微微闪光。这部《道藏》为明正统十年(1445年)纂辑、万历二十七年(1599年)印,明万历二十八年(1600年)十月初三日万历皇帝钦赐崂山太清宫,现存4524册,是全国保存最为完整的一部明代《道藏》,入选第一批《国家珍贵古籍名录》。

《道藏》作为道教经典丛书,是在历代帝王的支持下由道士汇

北魏双丈八佛石造像 青岛市博物馆 供图

宋代钧窑乳钉鼓式洗 青岛市博物馆 供图

集编纂而成，内容庞杂，卷帙浩繁，不仅包括道教教义，还包括天文、地理、哲学、化学、数学、医学、体育、武功等内容。此套《道藏》还收入诸子百家著作，其中有些是《道藏》之外已经失传的古籍，极具历史价值。

除了这部明代《道藏》，青岛市博物馆还有两件镇馆之宝——北魏双丈八佛石造像和宋代钧窑乳钉鼓式洗。

北魏石佛造像建造于1500多年前，共两座，造型优美，雕刻技法娴熟，神态栩栩如生，是魏晋南北朝时期佛教造像艺术的杰出之作。佛像通高570厘米，每座重约30吨。如此体量的单体圆雕石造像，年代久远且保存良好，堪称世所仅存。

据介绍，这两尊石佛造像原本安放于山东临淄龙泉寺内。1928年日军入侵山东时，日本商人曾想将佛像盗往日本，但未能得逞。1930年，时任青岛市铁路局局长、青岛四方机车厂原厂长栾宝德派专车将其运至青岛，安放于当时的四方公园。1979年，石佛像被移交青岛市博物馆。

北宋钧窑鼓式洗是用来洗毛笔的文房用具。钧瓷以丰富艳丽的窑变釉彩著称。这件鼓式洗外壁呈艳丽的玫瑰紫，内部为天青色，上面还有朦胧的曲线纹，底座为芝麻酱色。器高9.1厘米，口

● 清朱耷绢本设色芦雁荷花图轴

青岛市博物馆 供图

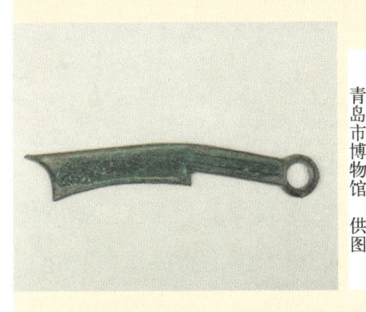

东周齐建邦张法化刀 青岛市博物馆 供图

商黄玉璇玑 青岛市博物馆 供图

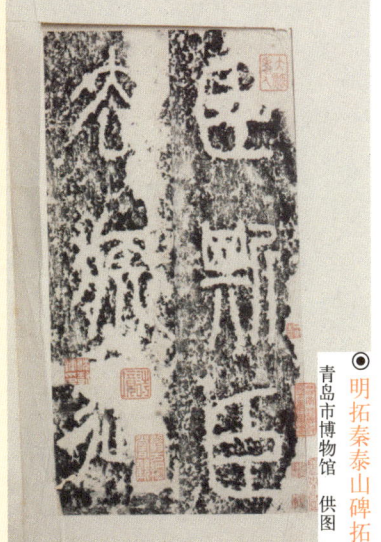

明拓秦泰山碑拓 青岛市博物馆 供图

径23.8厘米,身如鼓形,由三个兽面足承托,底部一侧刻有"一"字款,笔道遒劲。钧瓷素有"黄金有价钧无价"之说,目前已知国内博物馆收藏的北宋钧窑鼓式洗不足5件。

其他有代表性的文物,还有清朱耷绢本设色芦雁荷花图轴、商黄玉璇玑、东周齐建邦张法化刀、明拓秦泰山碑拓等。

青岛市博物馆副馆长赵好介绍,青岛市博物馆的藏品以明清书画、瓷器、古籍、货币较为突出。货币以齐国刀币品类丰富为特色,从最早的贝币到现在的纸币,形成了较完整的货币收藏体系。

文物传世多、出土少

在北魏石佛造像后面,有一面捐赠墙,铭刻着给博物馆捐赠过国家三级以上文物的热心人士的名字。据统计,数十年来有700多人向青岛市博物馆捐赠过藏品。

青岛市博物馆的藏品,多为传世而非出土。藏品主要有三方面来源,除了征购、拨交等入藏外,还有不少来自社会捐赠。由于青岛是宜居城市,具有"地利"优势,现代史上又曾是民国政府的特别市,所以有不少历史文化名人旅居青岛,如康有为、老舍、闻一多等。还有不少清朝遗老来此避难,他们携带了一些京城的传世珍品而来,去世后有的藏品就由他们的后人捐给青岛市博物馆。

直到现在,每年仍有人将自家的藏品捐献给青岛市博物馆,收藏家李汝宽、李经泽父子是其中的突出代表。李氏家族自2009年起,先后向青岛市博物馆捐赠家藏25件,以漆器为主,还有皮画、瓷器、唐三彩等,有些漆器非常珍贵,填补了馆藏空白,使馆藏漆器收藏形成从战国到明清较完整的序列。青岛市博物馆为李汝宽家族捐赠的文物开辟了专门展厅。

青岛市博物馆背山面海,离海边仅1.5公里左右,对于文物的保存和展示而言,温度湿度条件并不理想。较高的湿度不仅容易使青铜器产生锈蚀,也会对有机质文物造成影响,比如纸质文物或纺织品易出现霉斑和虫蛀。因此,近年来青岛市博物馆的文保工作着重从预防性保护和抢救性修复两方面入手,比如为库房和展厅配备恒温恒湿设备,日常格外注重温湿度监测与调控。博物馆也会根据实际情况,对需要保养的文物进行替换展示,或用一些复制品来替代,同时会在展厅门口公示,请观众了解和理解。

多种方式服务公众

青岛市博物馆以满足社会公众多层次多方面的文化生活需要为己任,每年举办20余个临时展览,开展数百场社会教育活动,不断创新,尝试多点连接社会、连接公众。

2017年年底,青岛市博物馆精心打造"岁时佳兴——中国古典季节美学展",主要展出与二十四节气和四时审美题材相关的文物,随后出版配套的亲子读物,将文物藏品与传统文化相结合,取得了良好的反响。依托720度全景技术,青岛市博物馆还自主制作了"岁时佳兴——中国古典季节美学展"和"迎祥纳瑞——龙凤文物珍品展"两个临时展览的720度全景展示并上线,使网上观众如临其境。

为了丰富老龄群体的文化生活,青岛市博物馆开设了公益性质的古琴班、书法班、绘画班。针对儿童和青少年,青岛市博物馆连续多年举办文博夏令营、冬令营活动,很受欢迎,2018年还推出面向学龄前幼童的蒙学雅颂国学传承主题班。

目前,青岛市博物馆每年参观人数达60多万人次,影响力越来越大。赵好透露,青岛市博物馆将继续加大开放办馆的力度,争取更多的联合力量,在"博"的基础上更"专"更"精"。同时,将运用"互联网+"理念和现代科技手段,打通线上线下,提供更加多样化、现代化的参观体验。

(苗春 文)

烟台市博物馆

文明流尚 胶东寻迹

烟台市博物馆

在山东省烟台市芝罘（fú）区繁华的中心文化广场最西端，一座主从陪衬的四方建筑格外引人注目，中间的主体建筑上书"烟台市博物馆"，由郭沫若题写。

烟台市博物馆1958年创建，最早设在烟台福建会馆内，后与烟台市展览馆合并。2011年新馆启用，以新馆为依托的主馆和以福建会馆为依托的民俗馆成为烟台市博物馆的两大展区。目前，烟台市博物馆馆藏文物67547件（套），其中一级文物84件（套）。藏品体系分为三大类：传世文物、出土文物、近现代文物和文献，涵盖书画、陶瓷器、青铜器、玉石器等20余个门类，尤以书画和瓷器最具特色。

见证悠远历史

烟台市博物馆主馆展厅面积7000平方米，包括"山海古韵""世纪之路"两个基本陈列和"笔墨丹青""许麟庐艺术馆""瓷苑掇英""绳墨神工""美人依旧""古钱今览"等6个专题陈列及一个特别展厅。"山海古韵"为烟台地区古代历史文化陈列，将烟台地

●秦代嵌铜诏版铁权 烟台市博物馆 供图

●西周己侯夔纹壶 烟台市博物馆 供图

区从旧石器时代至清末上万年间的发展历程和具有地域特色的海洋文化、莱夷文化、青铜文化鲜活地呈现出来。"世纪之路"则着重反映烟台自开埠以来到解放战争的百年风云。

烟台历史遗存丰富,史前时期白石村遗址、芝水遗址出土的石器、骨器、陶器等,独具地域特色,展现了胶东早期文明成就。烟台市博物馆主持发掘的白石村一期文化遗存,是胶东地区迄今发现最早的新石器时代文化遗址,距今约7000年历史。牟平照格庄遗址是胶东地区最具代表性的岳石文化遗址,填补了山东史前文化的一个缺环。

秦代嵌铜诏版铁权是烟台市博物馆的镇馆之宝之一。这件铁权形似半球铜钟,铁铸实心,顶部为半环形鼻,侧面嵌铜诏版,底径24.7厘米,高20.5厘米,重达32.5公斤。

公元前221年,秦始皇统一六国。这件秦权上的诏版文字就是秦始皇为统一度量衡而颁发的文告。这件铁权1973年出土于文登县蒚(màn)山公社新权村,与国家博物馆所藏的山西省左云县出土的铁权重量基本相同,是目前所知最重的秦权。

1974年,在莱阳县中荆乡前河前遗址,出土了另一件珍贵文物——西周时期的己侯夔纹壶。此壶高35.5厘米,口径6.7厘米,腹围67厘米，底径10.9厘米。铜壶形体瘦长，长颈，向上收细成小直口，圆腹并下垂，底下又设绞索状圈足。四环耳为兽头形，其中两耳在口沿下，剩余两耳靠近底部，相互对称，便于汲水。壶身通体布满繁复华丽的纹饰，由上到下共6层：上层是三角夔纹，中部饰波带纹和窃曲纹，底层饰夔纹。圈足内刻有铭文13字："己侯乍（作）铸壶，事（使）小臣台（以）汲，永宝用。"

据铭文可知，这是一件专门用来给己侯取水的壶，己侯将其赏给了近臣，于是近臣便刻下铭文，并欲永传于世。此铭文是研究胶东先秦古国历史的重要资料。此前，己国文物主要发现于胶东半岛北海岸，己侯夔纹壶的出土，说明南海岸也有己国的踪迹，这里或许曾是己国的重要城邑。

彰显丰厚文化

烟台自古为天然良港，第二次鸦片战争后，烟台被迫开埠，成为山东最早的对外通商口岸。商贸的繁荣促进了中西文化的碰撞融合，塑造了这座近代海滨城市独特的文化面貌。

烟台市博物馆有一件文物知名度很高，曾入选初中历史课本，它就是清朝乾隆年间的雕蟠龙御题玉瓶。

此瓶为青白籽玉料制成，背部有一道赭

◉ 清乾隆雕蟠龙御题玉瓶

烟台市博物馆 供图

黄色皮壳。直口方唇，长颈，瓶腹扁圆，高圈足。颈部透雕蟠龙，龙爪前伸，护持宝珠。腹部阴刻乾隆皇帝御题楷书七言绝句一首："捞取和阗盈尺姿，他山石错玉人为。一珠径寸骊龙护，守口如瓶意欲兹。"末署"乾隆御题"。

此瓶玉质温润，刀工圆熟，深得乾隆喜爱，但后来流失出宫。20世纪初，山东牟平县东关杨鉴堂在海参崴经商时，从一名参加过八国联军侵华战争的沙俄士兵手中购得这一玉瓶，后带回家乡，历经艰险，一直珍藏。1972年7月，其子杨景韩经牟平县侨联将这件珍贵文物捐给烟台市博物馆。

馆藏的许多传世文物，均来自社会捐赠。2014年12月，中共烟台市委原书记董传周之孙董昭民，依照其祖父遗愿，将董传周一生收藏的191件书画作品捐赠烟博。此次捐赠的书画不但数量可观、风格多样、保存完整，而且不乏艺术大师的精品之作，具有很高的价值。

烟台市博物馆收藏的书画作品中，国家一级文物有16件。其中，明代文徵明《松下观瀑图》轴作于其83岁之时，如此高龄尚能作此巨幅画作，属画史罕见，此画代表了他晚年绘画的典型风格。清代朱耷《柯石双禽图》轴是其水墨写意画的代表作，意境深邃、布局奇特、笔墨精炼。《柯石双禽图》

● 明代文徵明《松下观瀑图》
烟台市博物馆 供图

孙中山题写的"品重醴泉"轴

烟台市博物馆 供图

轴曾在山东流散文物征集陈列中展出，后又参加中国出国文物展，赴澳大利亚展出。

在"世纪之路"陈列区，一幅笔法刚健的字轴格外引人注目。此轴纸质横批，保存完整，自左向右横书"品重醴泉"四字，楷书，上款为"题赠张裕公司"，下款为"孙文"。

1912年8月，孙中山由上海经水路赴北京同北洋政府谈判，在烟台短暂停留，参观了民族企业张裕公司，并挥笔题词。其中"醴泉"出自《礼记》中的"天降甘露，地出醴泉"。1978年，烟台市博物馆收藏这幅题词。

1982年，曾任孙中山秘书的田桓鉴定此物后说："该件运笔周至，属孙公精品。署款所用'孙文之印'，审系胡汉民之兄胡义生刊刻，诚为难得。"

烟台海军学堂全图是烟博近代文物文献中的又一珍品。甲午海战失败后，清政府为重振海军，于1903年在烟台创办海军学堂（后更名烟台海军学校），校址位于今天烟台市芝罘区，谢葆璋任校长。烟台海军学堂是中国最早的新式海军学校之一，培养军官570余名，在近代海军史上占有重要地位。全图包括47幅照片，系统形象地记录了烟台海军学堂的情况，为存世孤品，是研究清末海军教育的重要实物资料。

展示民俗风情

烟台民俗博物馆作为烟台市博物馆的一部分，2010年成立，馆址设在全国重点文物保护单位烟台福建会馆。

福建会馆始建于清光绪十年（1884年），竣工于光绪三十二年（1906年），时有"鲁东第一工程"之称。该馆坐南面北，两进院，由戏楼、山门、大殿以及西廊庑组成，建造材料全部取于福建泉州，是中国北方现存唯一一座具有闽南风格的古建筑群。其精湛的木石雕刻、彩绘和独具匠心的设计，享誉海内外。

民俗馆内设有"妈祖文化陈列""烟台近代家居陈设展"等多个展厅，展示妈祖故里、生平传说、各地庙会祭奠盛况等内容，还有烟台地区近代封建官僚家庭、买办家庭、文人家庭和普通百姓家庭4个代表性的家居陈设，反映烟台开埠后多元社会文化并存的

烟台海军学堂师生合影 烟台市博物馆 供图

烟台海军学堂全图匣囊 烟台市博物馆 供图

景况。近几年,由烟台民俗博物馆联合社会力量举办的烟台天后行宫妈祖文化节,已经成为烟台市重要的文化品牌,被山东省台办确定为"山东省优秀对台交流项目"。

自建馆以来,烟台市博物馆始终肩负保护珍贵文物和弘扬历史文化的重任。在举办丰富多彩的文博展览的同时,还开展了烟台历史文化讲堂、青少年趣味课堂等品牌社教活动,社会效益显著。每年在华裔少年"寻根之旅"活动期间,烟博趣味课堂都会吸引数百名来自世界各地的华裔青少年参与。

(王沛 文)

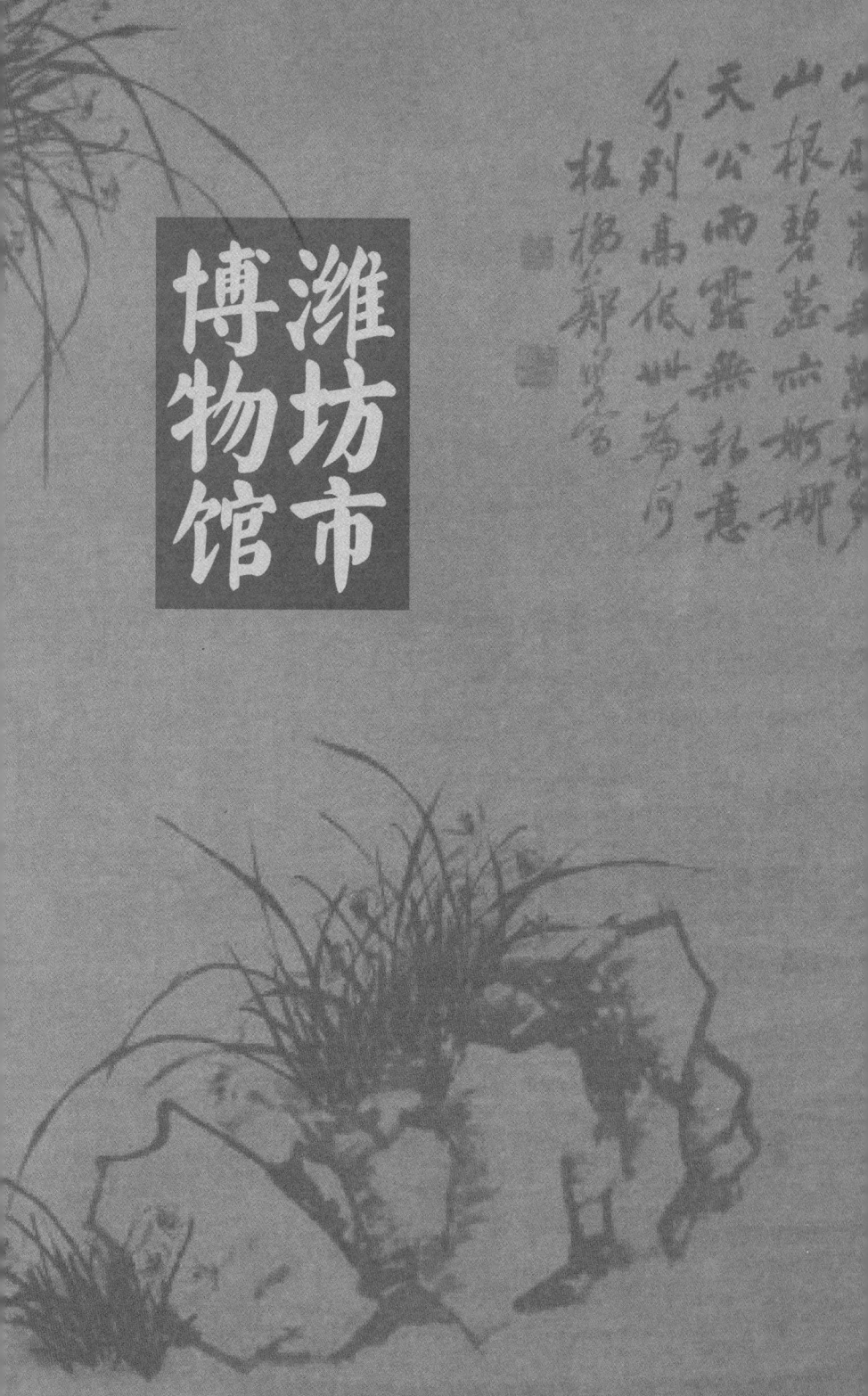

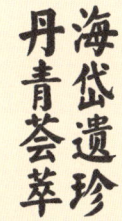

潍坊市博物馆

潍坊市位于山东半岛中部,北临渤海,南望泰沂,西挽潍水,东领淄河。早在8000年前,后李文化在这里生长,此后,文明之河一直流淌不绝。走进潍坊市博物馆,丰富的馆藏向人们诉说着这里悠久的历史和灿烂的文化。

潍坊市博物馆始建于1962年,原馆址位于全国重点文物保护单位十笏园内。1999年新馆建成,位于潍坊市东风东街,占地面积2.4万平方米,馆藏文物近8万件,藏品种类涵盖化石、陶器、瓷器、青铜、玉石、书画、碑拓等33类,博物馆现有潍坊简史、馆藏字画、民俗及民间艺术、石刻艺术长廊等多个固定陈列,年接待观众50余万人次。

8000年文明绵延不绝

走在潍坊市街道上,高楼林立、车水马龙,很难想象,一二十万年前,这里曾是一片森林与草原,一群群大象曾在这里繁衍生息。

◉ 潍坊象化石

潍坊市博物馆 供图

◉ 大汶口文化黑陶高柄杯

潍坊市博物馆 供图

　　1979年初春，潍县望留公社武家村大队在村子附近打井，挖到约地下9米时，碰到了一堆动物骨骼化石。专家鉴定表明，这些化石可能属于一头60多岁的雄性大象，象牙长达3米，头骨、牙齿等保留完整。"潍坊象化石是我们的馆藏珍品，它为人们了解原齿象属晚期的特征、分布和演化提供了不可多得的实物资料。"潍坊市博物馆馆长吉树春介绍。

　　后李文化遗址是中国北方迄今发现最早的新石器时代文化遗存之一，因首次发掘地在山东临淄后李家村而得名。在潍坊市寒亭区前埠下村，考古学家发现距今约8000年的后李文化遗迹。自后李文化开始，潍坊大地上北辛文化、大汶口文化、龙山文化、岳石文化绵延不绝，堪称海岱地区的古文化重镇。距今6100—4600年的大汶口文化是新石器时代北方文明的重要组成部分，其陶器制作特点鲜明、技艺精湛。潍坊市博物馆展出的黑陶高柄杯，就反映了大汶口文化制陶水平的高度发达。先民们利用黄河淤泥制作出的这些陶杯，薄如纸，黑如漆，明如镜，亮如瓷，有的陶杯最薄处只有0.3—0.5毫米，直到21世纪才被今人仿制出来。细细观察一个黑陶高柄杯，杯身下部有压划的曲折纹和圆纹路，柄部有双排错开的

● 齐国刀币
潍坊市博物馆 供图

● 唐代铁佛造像
潍坊市博物馆 供图

圆形镂孔,局部有磨光的痕迹,几千年前上古先民的创意与手工水平令人叹服。

西周初年,周武王封吕尚(姜子牙)于齐。自姜太公建国以来,齐国就十分重视经济贸易。齐桓公时,任管仲为相,大力推进经济改革,以货币为杠杆发展农、工、商业而致强国富民。潍坊市博物馆收藏的齐刀币为我们了解齐国的经济生活提供了直观样本。齐刀币始铸于春秋中叶,迄于战国末年。刀币尖首,弧背凹刃,刀柄扁平,柄上有两道纵纹,刀柄末有圆环。刀币面刻有"齐之法化"(齐国法定货币)"节墨之法化"(齐邑节墨所铸刀币)等文字。

展馆外,沿墙一字排开,陈列着不同时期碑碣、石刻的石刻艺术长廊让参观者感受到潍坊石刻文化的发达。石刻艺术长廊汇集展示了潍坊市博物馆收藏的200余块碑碣、石刻类展品。它们上迄东汉,下至民国,内容涉及政治、经济、文化、宗教、军事、民俗等,其中有冯起震、张瑞图、文徵明、郑板桥等历代名家的石刻碑文。

在石刻艺术长廊间,有一尊高3米、宽2米、重5吨的唐代铁佛格外引人注目。铁佛巍然端坐,褒衣宽带,双目微合,额宽腮丰,其衣纹层叠,较为写实,体现了唐代佛像的特点。尽管佛像双臂及

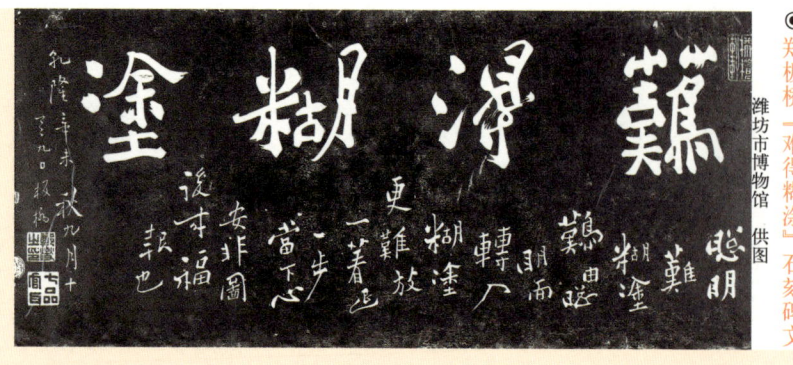

郑板桥"难得糊涂"石刻碑文 潍坊市博物馆 供图

下半身已残缺不全，但站在佛像前，仍能感受到古代铸造艺术的发达和信仰的虔诚。

这尊铁佛是迄今为止中国发现的唐代铁佛中年代最早、佛体最大的一尊。铁佛铸于隋末唐初，原供奉于潍县铁佛寺中，后随时代变迁，被深埋地下。1978年重见天日，存放于潍坊市博物馆，堪称镇馆之宝之一。

郑板桥留下珍贵墨宝

提起扬州画派的代表人物郑板桥，人们很容易想起他的传世名言"难得糊涂"。潍坊市博物馆就藏有一块郑板桥"难得糊涂"碑。碑上方书"难得糊涂"四个大字，下方有几行小字："聪明难，糊涂难，由聪明而转入糊涂更难。放一著，退一步，当下心安，非图后来福报也。"这块石碑深受观众喜爱，由此开发的拓片文创产品也备受追捧。

清乾隆年间，郑板桥在潍县任知县七载。他为官公正廉明，关心百姓，留下不少佳话。在潍县任职期间，郑板桥的为官理念也渗透进他的艺术作品。

潍坊市博物馆收藏的《峭壁兰图》是郑板桥传世作品中尺幅

郑板桥《峭壁兰图》 潍坊市博物馆 供图

最大的。画面左上角是大面积的悬崖峭壁，于石缝间画兰草五丛，右下角画散石一组，兰花两丛。画面构图和谐灵动，兰花的出尘之美与峭壁的古朴凝重相得益彰。题画诗"峭壁兰垂万箭多，山根壁蕊亦婀娜。天公雨露无私意，分别高低世为何"，借物喻人，表达了对人世不公的反思与追求平等的渴望。

国画大师徐悲鸿曾赞许郑板桥："思想奇，文章奇，书画尤奇。"他的诗文直抒血性，同情人民；书法独创一格，自称"六分半书"；绘画师法造化，继承传统，多绘兰竹石，有"郑兰"之誉。潍坊市博物馆收藏的郑板桥作品还有行书《修城记四幅屏》、郑板桥与高凤翰合作的《风荷图》等。

名家引领让潍坊书画创作蔚然成风。明清时期，潍坊书画发展迅速，或父子相承，或兄弟同艺，或同志研磋，逐渐形成以谭谟伟、谭汝霖、谭云龙、周克济等为代表的清代潍县画家群体，学者称之为"潍县画派"。民国初期成立的"同志画社"，培养了郭兰村、徐培基、陈寿荣等一批画家。这些画家的作品，潍坊市博物馆均有收藏。

"潍县造"用于文物保护

赵明诚与李清照的爱情故事千古流传,他所著的《金石录》是金石研究的重要著作。从宋代的赵明诚,到明代的周亮工、清代的陈介祺,潍坊青铜器收藏与研究一脉相承。这里还是中国传统青铜器修复仿制技术四大流派之一的"潍县造"所在地。如今,这门老手艺与现代科技相结合,服务于文物保护与修复。

2018年11月,山东省文物保护修复鲁中区域中心在潍坊市博物馆揭牌。该中心位于博物馆二层,拥有十几名省级文物修复师,具备开展青铜器、书画、陶瓷器等多种文物修复工作的资质。

张然是一名"90后"文物修复师,2016年进入潍坊市博物馆主攻青铜器修复。他展示了一份战国铜敦修复档案,"这是我去年参与的一个文物修复项目。铜敦从库房拿出来的时候,情况很不乐观。我们清理表面浮土,去除锈蚀物、土锈,对残缺部分进行翻模补配。"修复后,铜敦"脸"上的疮疤少多了,安上"假肢"后重新"站"了起来。

书画师孙聪是一位聋哑人,2018年获聘"山东省文物修复师",成为全省唯一一个残疾人文物修复师。近年来,潍坊市博物馆与潍坊市聋哑学校等残疾人学校合作,聘用并培养残疾人进行文物修复,实现了文物修复与公益事业相结合。

为满足观众"把博物馆带回家"的愿望,潍坊市博物馆开发了品类丰富的文创产品。2017年6月,潍坊市博物馆与国家图书馆联合举办"炫彩童年——中国百年童书展",展览期间,仿民国时期的报纸、期刊、小人书等一系列儿童读物深受少年观众喜爱。

近年来,潍坊市博物馆还积极与国内各博物馆合作,先后引进和举办了"齐鲁瑰宝展""吴昌硕艺术展""丰子恺艺术展"等各种临展、特展30余个,取得良好效果。

(张鹏禹 文)

潍坊市博物馆文创产品
潍坊市博物馆 供图

青州博物馆

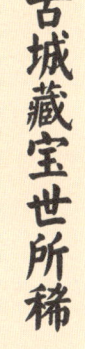

古城藏宝世所稀

青州博物馆

鲁中山区沂山山脉北麓和鲁北平原泊接地带，坐落着历史悠久的古城青州。青州之名，始见于《尚书·禹贡》："海岱惟青州"，为古"九州"之一。因地处东海和泰山之间，位于中国东方，"东方属木，木色为青"，故名青州。

青州地区古文化遗址众多，先后经历了北辛文化、大汶口文化、龙山文化、岳石文化等。著名考古学家苏秉琦先生曾有"弥淄流域的典型遗址，看来以青州为中心自称一区系"的论述。1984年青州出土的一件刮削器，据考证是1万多年前先民用来切割、剥皮、去毛的工具，这说明青州地区人类居住的历史至少可以追溯到1万年前。

漫漫历史长河中，山东青州孕育着厚重的中华文明，也蕴藏着丰富的文化瑰宝。青州博物馆得地利之宜，藏有许多珍贵文物，是国家一级博物馆中唯一的县级综合性博物馆。

县级市的国家一级馆

从山东省潍坊市一路向西,行至青州市范公亭西路的西端,可见一片四合院式的仿古建筑群,正门上悬蓝底烫金字匾,上书"青州博物馆",系书法家舒同题写。该馆建于20世纪80年代,是一家综合性地志博物馆。而要说起青州博物馆的渊源,最早可上溯至清光绪年间。

1887年,英国传教士怀恩光在青州培真书院内设立博物堂,这是中国最早的西洋博物馆,也是青州建设博物馆之肇始。20世纪初,国民政府在县文庙内设金石保存所。1930年,建立民众教育馆,内设金石陈列室和古物陈列室,免费向社会开放。1959年,青州博物馆的前身益都县博物馆成立,馆址在今青州市偶园内的冯氏宗祠。1984年,青州博物馆在现址建设新馆,并于1989年正式开放。

青州博物馆占地42亩,建筑面积1.2万平方米,陈列面积7000平方米,共有12个展厅。建筑主要为单檐、重檐歇山式,金色琉璃瓦覆顶,檐牙高啄,金碧辉煌,各展厅间有回廊相通。虽为县级博物馆,但馆藏文物足有5万余件,其中国家珍贵文物多达3000余件,门类齐全,包括陶瓷、青铜、书画、石刻、雕塑、玉器、杂项等,有"小大博物馆"之称。馆内常设展览有青州历史、龙兴寺佛教造像精品、陶瓷精品、古代书画艺术、石刻雕塑、石刻碑碣等,突出青州特色。

2008年5月,青州博物馆被国家文物局评为国家一级博物馆,

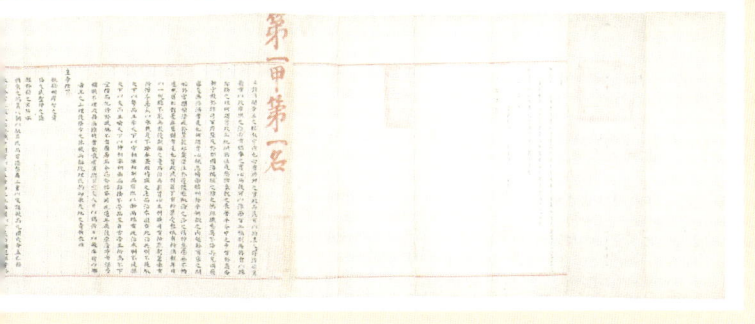

● 明代青州郑母镇人赵秉忠殿试的状元答卷

青州博物馆 供图

是全国首批83家一级博物馆中唯一的一家县级综合馆。青州博物馆副馆长王瑞霞介绍，青州历史文化悠久，使得博物馆藏品丰厚，并且以青州当地出土文物为主，信息较为完整，这是纳入国家一级博物馆的重要依据。馆藏的战国玉人、东汉"宜子孙"玉璧、明赵秉忠殿试卷以及龙兴寺遗址出土佛教造像，或为全国唯一出土，或为天下仅存，堪称镇馆之宝。

镇馆之宝举世无双

在青州历史厅，一份字迹清秀的小楷折页舒展开来，这是明代青州郑母镇人赵秉忠殿试中状元的答卷，右上角有御笔朱书"第一甲第一名"六个大字，引人注目。

古代殿试也称"对策"，就是考生在皇帝面前答题。第一部分弥封，是作者及其上三代的简历，为仿宋体，共4行。正文全文共2460字，用馆阁体小楷写成。正文之后是大学士及礼部尚书、兵部尚书、户部尚书等9位阅卷官的官职和姓名。

相传，赵秉忠在殿试中慎用笔墨，一气呵成，字迹端正，无一误笔。他用中肯的语言，深入浅出地分析了当时的社会矛盾，提出了三大论点——实政说、实心说和天民说。这一番披肝沥胆的策对，使万历皇帝龙颜大悦，朱笔钦定"第一甲第一名"，即状元。

这份状元卷是赵秉忠的第13代孙赵焕彬于1983年捐献出来的。据北京故宫博物院专家鉴定，殿试卷为明代原物，被确定为国家一级文物。它填补了我国明代宫廷档案的空白，成为海内外孤本。

青州博物馆另一镇馆之宝，当属东汉时期的"宜子孙"玉璧。彼时，青州的东部和北部属北海国管辖。1982年，青州市谭坊镇马家冢子村一座甲字形的大型墓葬出土了这块玉璧，据考证，墓主人应该就是东汉中晚期北海国的王室成员。

这是一块典型的出廓璧，由上等和田玉雕刻而成，下为圆形，内区饰蒲纹及158个乳丁，外区饰螭虎纹，廓的部分为两条透雕盘龙出没于祥云之中，二龙之间用篆书刻"宜子孙"三字。这是"长宜子孙"的简称，为"子子孙孙宜室宜家"的吉祥语，体现了封建家长的一种期许和要求，希望自己建立起的家业，包括封建家庭的伦理、礼仪和财富能被妥善继承，并使子孙后代能够安享富足、舒适的生活。

这块玉璧呈现出一种和谐统一的美感，雕饰充满动态和灵气，堪称汉代玉器的上乘之作。它以体形大、雕刻精湛而著称，是国内罕见的刻有汉字的汉代大型馆藏玉璧。

龙兴寺佛像蜚声海外

青州博物馆南侧即为龙兴寺遗址。1996年10月，此地窖藏出土佛教造像400余尊，因其数量之大、种类之全、贴金彩绘保存之

东汉时期"宜子孙"玉璧
青州博物馆 供图

完好，雕刻之精美，跨越年代之久远，被评为"1996年全国十大考古新发现之一""中国20世纪百项重大考古发现之一"。近年来，这批佛像到北京等地和美国、日本、德国、英国、瑞士等国家展出，引起了海内外广泛关注，被誉为"改写了东方艺术史的一次重大发现"。

这批造像年代跨越北魏至北宋，约500年，绝大多数集中在北魏晚期到北齐时期，造像种类分为背屏式造像、单体圆雕佛造像等，集中于龙兴寺佛教造像精品厅展出。由于龙兴寺佛教造像在造型和神态上与众不同，故被称为"青州风格"。

一入展厅，首先映入眼帘的便是东魏时期的贴金彩绘佛菩萨三尊像，这是出土造像中最大的一件。流连其间，有一尊北齐时期的佛像风采动人，是这批造像中保存最为完整的，着通肩袈裟，上饰贴金彩绘的田相，服饰轻薄贴体，将身体线条勾勒得十分清晰。这种风格被称为"曹衣出水"，是中国古代人物画的一种绘画风格。

在南北朝时期，有一位画家叫曹仲达，他笔下的人物，衣褶多用细笔勾画，似身披薄纱，又像刚从水中出来，后世将这种绘画风格命名为"曹衣出水"。但遗憾的是曹仲达没有作品传世，直到龙兴寺佛教造像出土，人们才得以一睹"曹衣出水"的原貌。

◉ 青州龙兴寺佛教造像，被誉为"改写了东方艺术史的一次重大发现" 青州博物馆 供图

青州博物馆

龙兴寺佛教造像局部

张语庭 摄

专家认为，龙兴寺佛教造像是"曹衣出水"在石雕上的具体体现，代表了中国佛雕造像的最高艺术水平。

除此之外，青州博物馆的彩绘陶器也异常珍贵。2006年，青州香山汉墓陪葬坑被发掘，出土了各类陶器、陶俑、青铜器、铁器3000余件，这些陶器、陶俑表面大都保留色彩鲜艳的彩绘，是目前我国同时期同类文物中彩绘保存最好的一批，为研究西汉时期的历史文化提供了珍贵的实物资料。

（王沛 文）

开封市博物馆

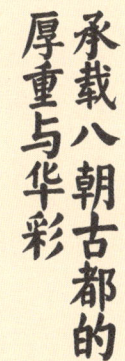

承载八朝古都的厚重与华彩

开封市博物馆

在河南省开封市中心商务区，有一座宋代风格的建筑，四周较低的房屋拥簇着中央高耸的殿阁，整体呈现为象征外城、里城、皇城的"三重城"格局——这就是开封市博物馆新馆。

开封市博物馆初建并开放于1962年，1988年在开封市包公湖畔扩建，2018年3月新馆建成开放。目前，开封市博物馆馆藏陶器、瓷器、铜器、书画、雕刻等18类文物8万余件，设有"八朝华章——开封古代文明陈列""东京梦华——北宋东京城历史文化陈列""馆藏精品石刻展""开封朱仙镇木版年画展"4个基本陈列。

历八朝沧桑

文物是历史的信物，博物馆珍藏着城市的记忆。走在开封市博物馆，首先回望的是8000年前的开封。

开封地处黄河冲积平原，早在上古时期，这里地势平坦，气候温和，水系发达，非常适宜农业发展。考古发掘表明，早在7000—8000多年前的新石器时代，这里就已出现居民点，裴李岗文化、仰韶文化、龙山文化遗存在此地均有发现。博物馆展出的石器、陶器,发现于开封城南的尉氏县兴隆岗等地,距今7000—9000年前。这些器物的存在,表明此时期的开封先民已离开洞穴进入平原,形成相对定居的原始聚落。这一时期的生产工具以石器为主,生活用具中陶器居多,制陶业成为最具特色的手工业门类。

今开封城东北约20公里的开封县杜良乡北部,有一个村庄名叫"国都里",相传夏代都城曾设于此地,其村名因而沿袭至今。夏之后,战国时期的魏,五代时期的梁、后晋、后汉、后周,乃至北宋和金,共八个朝代在开封建都。开封市博物馆的众多文物,诉说着几千年沧桑变幻的历史风烟。

《宋真宗皇帝空桑伊尹庙碑赞》拓片,讲述的是宋真宗曾亲至伊尹庙祭拜伊尹的故事。这座伊尹庙,位于伊尹的出生地开封杞县葛岗镇空桑村。伊尹,原名伊挚,又叫阿衡,他辅助商汤灭夏,建立商朝,后做了商的执政大臣"尹",所以后人称之为伊尹。伊尹为商朝立下汗马功劳,一共辅佐过商汤、外丙、仲壬、太甲、沃丁五代王,在医学、厨艺、军事等方面均有杰出成就,被称为"一代贤相""烹饪始祖"。

春秋早期,郑庄公在今开封市祥符区朱仙镇附近修筑储粮仓城,取"启拓封疆"之意,定名"启封"。战国时期,魏惠王迁都于大梁(今开封市鼓楼区),兴水利、修长城、联诸侯,国力日盛,大梁由此成为繁华的名都大邑之一。西汉,开封境内设浚仪县,浚仪作为开封的名称,沿用了800年左右。因避汉景帝刘启之讳,将启封县改为开封县,这便是"开封"这一名称最早的由来。

隋朝置陈留郡于浚仪县,后改陈留郡为汴州。唐德宗建中二年(781年),时任汴州刺史的李勉遂对原汴州城进行了扩筑,史称"筑罗城"。扩筑后的汴州城位居水陆要冲,不仅是中原的一个军事重镇,也是当年大唐王朝的"王室藩屏"。唐代是开封历史上又一个

○ 宋代玫瑰紫窑变钧瓷碗　开封市博物馆 供图

大发展时期，汴州的政治、经济地位日益重要，一跃成为繁华的"水陆大都会"。博物馆内巨大沙盘复原了唐汴州城的景观，这一古城堪称今日开封城的雏形。

宋代"汴京富丽天下无"。宋瓷沉静素雅、规整大气，官窑、钧窑、汝窑、定窑、哥窑是北宋五大名窑。馆内陈列着一件件精美的宋代瓷器，虽经千年风雨，釉色依然莹润如新，美慑魂魄。

玫瑰紫窑变钧瓷碗是馆藏宋代精品瓷器之一。"钧瓷挂红，价值连城"，宋代钧瓷窑变以紫色、红色最为难得。这碗出土于禹州扒村钧窑遗址，胎质纯厚紧密，外壁为玫瑰紫色，碗口处有一大片玫瑰紫斑，玫瑰紫与天青色错综掩映，互相衬托，仿佛天边的晚霞熠熠生辉。

忆东京繁华

960年，赵匡胤建立宋朝，定都开封，名为东京。北宋时期的开封经济文化发达，社会生活繁荣，人口超过百万，成为当时世界上最繁华的城市。

在开封市博物馆，北宋168年的建都历史成为展览重点。"宋代科技展"展示了宋代天文、军事、航海、医药、冶炼等方面对世界科学技术的巨大贡献。"《清明上河图》专题展"，展示了各个时期、不同版本的《清明上河图》及相关文物、史料。

北宋"开封府题名记"碑记载了从宋太祖建隆元年（960年）二月到宋徽宗崇宁四年（1105年），146年间共计183名开封知府的姓名、官职、上任时间等，是这一时期内有关开封府历代行政官员最完整的资料。此碑高214厘米，宽96厘米，厚24厘米，四

北宋"大晟夷则"铜编钟
开封市博物馆 供图

周以蔓草和缠枝牡丹镶边。碑额篆刻"开封府题名记"6字,碑文为楷书,共21行,每行字数不等。碑的中部有一处凹痕,凹痕处被磨去的名字是包拯。包拯于嘉祐二年(1057年)以龙图阁直学士权知开封府。虽然在开封府任职仅一年零三个月,但他革除弊政,执法如山,受到百姓爱戴,人称"包青天"。后人在观看此碑时,不由得要去摸一摸包拯的名字,对他的事迹评说一番,久而久之,指痕越摸越深,时至今日,包拯的名字几乎看不清,只留下半指深的指痕。

除包拯外,题名记中还记载了许多名垂青史的人物,如欧阳修、范仲淹、寇准、蔡襄等。此碑原立于宋开封府衙署之中,明朝末年黄河水淹开封,清初迁开封府署于今开封县街,在府署前建包孝肃公祠,把碑移至祠内。民国初,废府存县,石碑仍存祠内。1971年,它被运回开封市博物馆收藏。

北宋"大晟夷则"铜编钟原为徽宗朝所行"大晟"新乐中的编钟。这件大晟钟通高27.5厘米,宽18厘米,钟的正面刻有"夷则"二字,"夷则"是古代音律之一。宋徽宗崇宁三年(1104年),在今河南商丘出土了6件编钟,因钟出土于春秋时期的宋地,徽宗认为是祥瑞之兆,遂设立"大晟府",重制新乐,命工匠铸造"大晟钟"。每套钟基准音高都是黄钟宫,作为标准音律定音,真正实现了"音同高",这样就能保证一首乐曲在另一个地方演奏也不会走音。大晟新乐于政和三年(1113年)始成,宣和七年(1125年),

随着金兵南下,这批乐器在北宋宫廷里的使用也就结束了。大晟钟目前传世极少,河南仅开封市博物馆存有一件,非常珍贵。

"我们馆里还有一件不得不说的重器,叫水运仪象台。"开封市博物馆馆长曾广庆颇为自豪地推介。北宋元祐元年(1086年)至元祐七年(1092年),苏颂和韩公廉在东京(今开封)合作设计出水运仪象台。它是一座上狭下宽的四方台形木结构建筑,高约12米,宽7米,上下分3层。上层为浑仪,中层浑象,下层为报时装置,集天体观测、天象演示和报时功能于一体。水运仪象台是11世纪末一部杰出的天文仪器,李约瑟认为它是欧洲天文钟的直接祖先。

可惜的是,1127年金兵攻入汴京之后,将它拆解运至燕京(今北京)重新构建,但是不能运转。1214年,金都南迁,这座存在了120多年的精美之作最终毁于战火。所幸苏颂编撰了《新仪象法要》一书,记述了水运仪象台的工作原理、详细尺寸与构造。日本、英国及中国台湾都曾依照此书,对宋代水运仪象台进行一比一的仿制,但都很难完全靠水运行。经过多年研究,开封市博物馆仿制出了1∶1、完全靠水运行的水运仪象台,再现了昔日世界上最先进、技术综合程度最高的大型机械装置。

北宋『开封府题名记』碑 开封市博物馆 供图

你所不知道的国家一级博物馆

一八六

◉ 仿宋代水运仪象台

开封市博物馆 供图

寄美好愿景

步入古色古香的开封朱仙镇木版年画展厅，一系列喜庆艳丽的年画就映入眼帘。厚重的颜色、夸张的对比、精美的印制，处处给人以美的享受。这些年画出自一位90多岁老人之手，他就是中国首批国家级非物质文化遗产项目代表性传承人郭太运大师。老人满头银发，身姿矫健，笑声爽朗，许多来馆参观的观众在惊叹其精湛技艺的同时，都喜欢与他合影留念。"你干了一辈子，你就是朱仙镇木版年画的'门神'，我是你的粉丝。"有一位业内专家这样对老人说。

版画萌芽于汉代，在汉代腊月除夕，民间已有在门上画虎或者是神荼、郁垒来驱邪避凶的习俗。到了唐代，钟馗逐渐取代神荼郁垒成为新的门神形象。宋代商业和手工业的发达以及雕版印刷的完善和应用，为年画的形成和发展提供了有利条件。明清时期是朱仙镇木版年画发展的鼎盛时期，当时仅在朱仙镇一地的年画作坊就多达300余家。

著名文学家鲁迅先生曾多次称赞朱仙镇木版年画，"朴实，不染脂粉，人物没有媚态，色彩浓重，很有乡土味，具有中原木刻年画的独有特色"，十分精准地总结了朱仙镇木版年画的精髓。

朱仙镇木版年画用色十分讲究，历史上以矿物、植物作为原料，运用炒、熬、滤等多道工艺，精心炮制，使年画绚丽多彩。普通年画以黑、黄、红、丹、绿、青（紫）6色，由浅逐深，依次套印而成，有些画样还需加托水红。高档年画与神像画，人物之眼眸、胡须、服饰需加套水墨、金粉，套色可多达9遍。吉祥纳福类、戏曲故事类、神像人物类、门神类等等，年画的题材和内容丰富多彩，就像一本民俗百科，寄托着人们对幸福美好生活的渴望与向往。

（任胜利　文）

南阳市汉画馆

深沉雄大扬汉风

南阳市汉画馆

南阳市位于河南省西南部,有着3000年的建城史,秦昭王时在此设置南阳郡。西汉时,南阳已是全国的商业和冶铁中心。东汉时,因是光武帝刘秀的家乡,且经济繁荣、地理位置重要,被定为陪都。正因如此,南阳留下了大量汉代达官贵人的墓葬,作为墓葬构件的汉代画像石也出土甚多,数量为全国最大。

南阳市汉画馆创建于1935年10月,经过了"三迁""四建",现收藏汉画像达2500多块,是我国建馆最早、藏品最多、规模最大的一座汉画像石刻艺术博物馆。

气势恢宏的仿汉建筑,新颖独特的陈列形式,精美绝伦而又内涵丰富的汉画像石——在这座飞扬着大汉风华的石刻艺术殿堂里,有敬畏,有赞叹,有沉思。

图像式的汉代史

走进南阳市汉画馆,大汉风韵扑面而来。汉画馆大厅中央的仿青铜壁画,系选取南阳汉画中最具代表性的图案绘制而成。壁画中

投壶 南阳市汉画馆 供图

央是中华民族的始祖神伏羲、女娲,四周环绕着汉代比较流行的"四灵神"朱雀、玄武、青龙、白虎,壁画左侧为雷公出行,右侧为河伯巡游,壁画下侧是官宦之家浩浩荡荡的车马出行。壁画正前方两边对称安放着汉代雕刻工艺成熟期的代表作——石雕天禄、辟邪(传说中的神兽)。整个大厅处处体现着汉代先民祈求子孙繁昌、期盼风调雨顺、追求家国永固的美好愿望,给人以沉雄大气的感觉。

"游戏人生,宾主二人投壶正欢;对酒当歌,彪形大汉酩酊大醉。"投壶画像石所刻画像为汉代十分流行的一种宴席间饮酒游戏——投壶。在酒宴上,席中放置一壶,宾主二人分坐左右,怀中各抱数矢(箭)向壶中投掷,投入壶者为赢,不入者为输,输者罚酒一杯。此画中刻一壶,壶内已投入两矢,旁置一酒樽,壶左右二人各抱三矢,另一手各持一矢,欲投向壶中。画右一名站立者为司射(即裁判)。画左边一名彪形大汉被一侍者搀扶,从他头重脚轻、两眼呆滞、吃力耸肩的形象,一看便知他是投壶场上的败将,不胜酒力而狼狈下场。

"南阳市汉画馆的画像石内容丰富、题材广泛,几乎涵盖了汉代社会生活的方方面面,以最直观的视觉艺术形象彰显着汉代'南都''帝乡'的盛世辉煌,堪称一部图像式的汉代史。"南阳市汉画馆研究馆员、文研部主任牛天伟深耕多年,颇有心得。

南阳市汉画馆从半个多世纪以来南阳发掘出土的 2000 余块汉画像石中,精选出历史价值和艺术价值较高的珍品 200 余块,根据画像石所反映的不同主题,按画面内容分厅分类进行展出。依次为生产劳动、建筑艺术、历史故事、社会生活、天文与神话、角抵、舞乐百戏及祥瑞升仙八大部分,从不同侧面反映了汉代社会生活。

生产劳动画像石主要表现当时"耕耘""捕鱼"的场景。建筑类画像石上刻有双阙、厅堂、楼阁等,是汉代建筑成就的生动体现。历史故事类石刻主要题材是二桃杀三士、鸿门宴、西门豹除巫治邺、赵氏孤儿等历史故事,渲染儒家忠孝仁义的道德观念。社会生活类画像内容庞杂,有达官显贵投壶宴饮、车骑田猎、斗鸡走狗、往来拜谒等生活场景,也有拥彗、端灯、捧奁(lián)、执戟持盾等诸多奴婢侍吏的形象。天文与神话类有日月同辉、日月合璧、北斗星、彗星、苍龙星座等,还有一些是与天文相关的神话故事,诸如日神月神、嫦娥奔月、羿射十日、雷公、风伯、雨师、河伯以及伏羲、女娲等。角抵类画像有击技、斗兕(sì)、刺虎、斗牛等,这些画像中的人和动物均形象夸张,富有感染力,展示了崇武尚力的时代精神。在舞乐百戏类画像中,有各种舞蹈、杂技和乐器演奏形象,建鼓舞、七盘舞各展风姿,飞剑跳丸、冲狭倒立英气逼人,再现了汉代歌舞升平的繁华盛景。祥瑞升仙类画像有龙、凤、鹿、龟等诸多祥禽瑞兽,更有羽人戏龙、乘龙骑虎的升仙场景。这些画像正是汉代盛行的天人感应、灵魂不灭思想的图像化反映。

文化名人心驰神往

作为汉文化的重要载体之一,南阳汉画像具有极高的历史价值和艺术价值,令许多文化名人心驰神往,留下了一段段有意思的故事。

"唯汉人石刻,气魄深沉雄大",这是鲁迅对汉画像的评价,他对汉画像情有独钟。1935年至1936年间,身居上海的鲁迅得知南阳有汉画像石后,拿出自己的稿费,请好友王冶秋(曾任国家文物局局长)托南阳友人雇请拓工为其拓印南阳汉画,先后搜集到汉

画像拓片231张。鲁迅收集南阳汉画像目的很明确，就是为新文化运动服务，他曾说："倘参酌汉代的石刻画像，……和欧洲的新法融合起来，也许能创造一种更好的版画。"鲁迅收集的南阳汉画拓片，1949年后由夫人许广平无偿捐献给了国家，现藏于北京鲁迅博物馆。可以告慰鲁迅的是，70多块他所收集拓片的原画像石，现均完好地收藏于南阳市汉画馆。

郭沫若很早就对汉画像石有研究，在他主编的《中国史稿》里，有大量关于汉代石刻的内容。1959年，南阳市汉画馆重建时，他欣然为汉画馆题写馆名。镇馆之宝许阿瞿画像石，还与郭沫若有一段不解之缘。当时南阳的文物工作者发掘了一座古代墓葬，从墓葬型制和随葬器物判断应是魏晋时代的墓葬，但墓内有铭刻"建宁三年"隶书文字的画像石一块，建宁是汉灵帝的年号，建宁三年即公元170年。根据纪年铭文可以确证为东汉之物，但铭文艰涩难懂，很难判读。无奈之下，考古人员给郭沫若写信求助。郭沫若对铭文进行逐字释读，并写信回答了相关的学术问题。

我国国歌的词作者田汉，对南阳汉画像石的保护也做出过贡献。1957年1月，田汉来到南阳，看遍了汉画馆的每块画像石后，觉得还不过瘾，听说南阳东关魏公桥上有不少用于建桥的画像石，随即赶到现场。当看到一块块精美的画像石作了建筑材料，田汉深感惋惜。回到郑州后，他特别面见河南省政府主要领导，陈述了抢救性保护南阳汉画像石的必要性和迫切性，建议省政府拨出专款，尽快把南阳做建桥材料的汉画石拆下并保护起来，重建汉画馆。

大画家吴冠中评价南阳汉画像"气势磅礴，风格独特，令人一见倾心"，是"高级的艺术、伟大的艺术"。曾任中央美术学院副院长的罗公柳，第一次步入南阳市汉画馆看到汉画像时，竟然抑制不住内心的激动流下热泪。接下来几天，他在汉画馆就没停下手中的画笔，像小学生一样一笔一画地临摹原石图像，还不时询问有关内

容,一一记录下来。

专家总结了南阳汉画像石的艺术特点:布局疏朗、构图简洁、主题突出、线条流畅,极富弹性和韵律感。画像大胆运用夸张变形的艺术创作手法,浪漫洒脱,生动传神,有一种震撼人心的力量和气势。

走出国门享誉世界

许阿瞿墓志铭画像石是南阳市汉画馆的镇馆之宝。它的旁侧附有136字的铭文,是全国现存较早的墓志铭之一。墓志铭内容是,建宁三年三月十八日,年仅五岁的许阿瞿不幸夭折,父母非常伤心,刻下铭文,希望上天的神灵和已逝的先祖在另一个世界能照顾好他们的孩子。画面描述的是许阿瞿过四岁生日时的场景,下半部分表

许阿瞿墓志铭画像石 南阳市汉画馆 供图

现的是舞乐百戏的场面。郭沫若在释读铭文之后曾经感慨,许阿瞿非大地主之子莫属,如此年幼就能享此大福。

从铭文的书写形式看,此时正处于汉隶到魏碑的过渡阶段,既有隶书的纵横端庄,又可看出魏碑的端倪,极具代表性。这块画像石因为有明确的纪年,所以对汉画像石的下限断代和书法、民俗、绘画的断代分期起着重要的作用。这也是它被称为南阳市汉画馆镇馆之宝的原因。

南阳汉画因其独特的历史价值和艺术价值而享誉海内外。许阿瞿墓志铭画像石等馆藏精品曾赴日本展览,产生了极大影响。在庆祝中意建交40周年之际开展的"意大利中国文化年"活动中,南阳市汉画馆的"投壶""巡游出行"两块画像石,远赴意大利罗马、米兰等城市,参加"秦汉—罗马文明展",担当"文化使者"的角色。

2008年北京奥运会举办前夕,中国与希腊联合创造了《奥运会从雅典到北京》纪念邮票,全套两枚邮票的图案分别为"雅典帕提农神庙"和"北京天坛祈年殿"。其中"北京天坛祈年殿"邮票背景衬图及小版张边饰采用了南阳汉画石中三位武士的形象。这三位武士,威猛凶悍,姿态各异,栩栩如生,生动再现了汉代崇力尚武的精神。南阳汉画再次以国家名片的形式展现在世界面前,让世人领略到英武威严的大汉雄风。

(任胜利 文)

安徽中国徽州文化博物馆

梦里徽州此处寻

安徽中国徽州文化博物馆

"一生痴绝处,无梦到徽州。"作为中国独特的文化地理单元,古徽州府域(含一府六县)有着水墨画般的灵山秀水、田园风光,更诞生了"程朱理学""新安画派"等文化源流,在明清时期趋于鼎盛,开一代风气之先。从建筑、科技、教育到徽商、贤达,浓缩了农耕文明精华的徽州文化,正日益成为国人的精神原乡。

如今,行政意义上的徽州府域早已不复存在。但2008年开馆的安徽中国徽州文化博物馆,却为人们提供了一个了解徽州文化的窗口。

全面体现徽州文化

中国徽州文化博物馆位于安徽省黄山市屯溪区迎宾大道,是国家一级博物馆、安徽省第二大综合性博物馆,也是国内唯一全面体现徽州文化的博物馆。博物馆建筑面积1.4万平方米,陈列面积6000平方米。馆藏有陶瓷、砚台、徽墨、书画、徽州三雕、青铜器、玉器、杂项、古籍图书、徽州文书等各种文物近10万件(册)。

● 明代法华三彩荷叶形瓷枕 安徽中国徽州文化博物馆 供图

● 明代朱三松款荷叶纹笔筒 安徽中国徽州文化博物馆 供图

馆舍建筑以"天人合一"为主导思想,是一组以徽州文化为基本内容、徽州地理山水为背景、徽州建筑风格为基调的多功能综合建筑及徽派风景园林。

中国徽州文化博物馆的前身可追溯至1963年成立的"徽州地区博物馆"。1987年黄山市成立后,徽州地区博物馆更名为"黄山市博物馆",时为地方综合性博物馆。直至2008年1月,安徽省"徽州文化博物馆"成立,原黄山市博物馆和黄山市文物商店成建制并入,更名为"安徽中国徽州文化博物馆"。

博物馆基本陈列为"徽州人与徽州文化",包括"走进徽州、天下徽商、礼仪徽州、徽州建筑、徽州艺术、徽州科技"六个部分,另设有两个临时展厅。

在第一展厅"走进徽州"里,展出的是徽州地区出土的青铜器、瓷器等艺术精品,其中一件明代的法华三彩荷叶形瓷枕造型格外别致、生动。瓷枕分两部分,上部呈荷叶状,底座长方形,荷叶由两山石支撑,间以荷花装饰。胎体厚重,有裂纹,通体施黄绿紫釉法华三彩,具有很高的艺术价值。而另一件狮形枕,通体施青白釉,枕上釉面斑驳,枕面下呈卧狮形,神态可掬,妙趣横生。

古籍砚墨见证文教昌盛

"人文郁起,为海内之望,郁郁乎盛矣!"作为中国封建社会后期儒家文化的圣地,徽州是享誉全国的礼仪之邦和人文望郡,

◎ 镇馆之宝——宋代"文府墨"
韩俊杰 摄

也是宋代以来中国理学的重要源头和实践地。其中，理学大儒程颢、程颐、朱熹为代表的"程朱理学"，以阐述儒家纲常伦理的合理性为己任，对12世纪以后的中国哲学和学术思想的发展演变产生了巨大的影响，因而徽州地区也有了"东南邹鲁"的美誉。

得益于历代先贤的教化，徽州社会风气历来崇文好儒，百姓尊奉"第一等好事只是读书"。特别是宋室南迁以后，徽州地区文教更趋昌盛，书院私塾遍布城乡，出现了"十户之村，不废诵读"的文化盛况。明清科举制下，徽州地区诞生了16名文武状元，占全国总数的1/10，其中仅休宁一县就出了13名状元，成为名副其实的"状元县"。到了近代，徽州府属各县的私塾与村庄比例也居高不下，最高可达3/4以上。

文教兴盛，使得徽州地区不仅名人辈出，还留下了灿若星河的文物典籍。中国徽州文化博物馆馆藏近10万件文物，其中一级文物34件，二级文物144件，三级文物3913件，古籍近5万册，契约文书近3万份。"文献之邦""文物之海"的称谓名副其实。歙（shè）砚、徽墨、徽州文献是馆内的特色藏品。

位于博物馆二层的展厅里，一方已分为两段的墨石静静躺在盒中，上面的"文府"二字清晰可见，这就是距今已有千年历史的宋代"文府墨"，也是博物馆的"镇馆之宝"。文府墨为北宋时期制作，1978年出土时，已在水中浸泡多年而不损，十分罕见。

文化的繁荣同样体现在书画艺术上，徽州地区的新安画派可谓独树一帜。新安江清澈妩媚，千回百转于崇山峻岭之间，构成一幅奇妙的山水画卷。新安大好山水也为当地画家提供了绝好的绘画范本，并在画家渐江笔下达至高峰。博物馆内，数十幅不同时期的代表作，展现了新安画派追求疏淡、清逸、冷寂的阴柔之美，创作技法上侧重以线造型，大量使用块状结构而极少渲染的特点，体现了画家师法自然、以画明志的内心情感。

建筑工艺折射徽商繁荣

博物馆第二展厅为"天下徽商"部分，当地一首民谣这样描述徽商："前世不修，生在徽州。十三四岁，往外一丢。"徽商创业之艰难，由此可见一斑。但徽商的繁荣也造就了"无徽不成镇"的辉煌，并直接促进了徽派古村落、建筑和工艺的发达。

"七分半水半分田，二分道路与庄园"，徽州人经商多的客观原因是徽州地区山多田少，人口众多。明代中叶以后至清乾隆末年300多年间是徽商发展的黄金时代，彼时在全国各大商人集团中，徽商居首位。在高峰时期，徽州成年男子中，经商者占到70%。徽商在外经营茶、盐、木、典当等各种行业，足迹遍布全国和世界各地。他们在外闯荡多年，团结互助，多数又荣归故里，修屋置产，光耀门楣。

在"徽州建筑"展厅内，徽州地区最具代表性的古村落如西递、宏村、龙川等均以模型形式展现。这些古村落除了与自然山水融合为一，还蕴藏着古代哲学天人合一的理念。"粉墙黛瓦上，巍巍马头墙。明堂开天井，四水俱归堂。"作为徽派建筑的重要特征，马头墙俗称"封火墙"，始建于明代，分为鹊尾式、坐斗式和坐吻式。史载明弘治十六年（1503年），何歆任徽州知府。鉴于当地火患频繁，殃及近邻，他以每五户人家为一伍，共同出资砌火墙以阻止火势蔓延，一月之内就建造了数千道，效果明显。此后，家家户户开

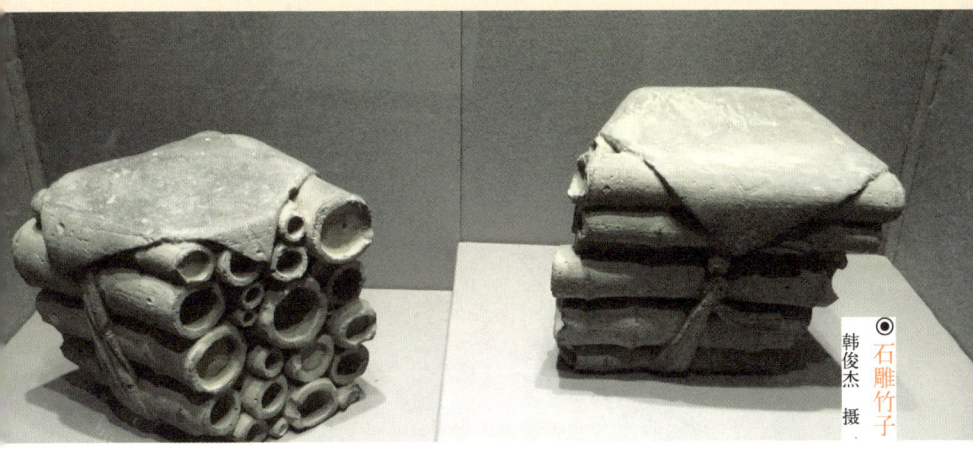

石雕竹子　韩俊杰　摄

始独立建造，并对封火墙美化造型如高昂的马头，故有此名。

徽派建筑的精致，还体现在以"徽州三雕"（木雕、石雕、砖雕）为代表的雕刻技艺上。在博物馆展厅中，有两"捆"以石墩形式呈现的《石雕竹子》，每捆均由雕刻成的粗细不一的石竹组成，上面"铺"以光滑的石垫，并以雕刻出的石绳作捆绑状，惟妙惟肖，令人叹为观止。当地有一种说法叫"是图必有意，是意必吉祥"，"徽州三雕"在构图上注意变化和透视效果，内容上注重整体性和情景性，处处体现着人们对美好事物的向往。

徽州文化以新安山水为依托，以徽州人缘为纽带，以程朱理学为核心，以徽商经济为基础，奠基于隋唐，崛起于两宋，鼎盛于明清，影响于当今。一座徽州文化博物馆，给了人们管窥徽州文化魅力的空间，也让观者感受到内心的宁静祥和。

（韩俊杰　文）

南通博物苑

开中国博物教育之先河

南通博物苑

初看,南通博物苑像个花园,绿树成荫,花开得正盛。再看,南通博物苑很难用现代意义上的博物馆去诠释,它采用独特的苑囿式设计,是植物园、动物园、自然馆,又是科技馆、天文馆,似乎找不到可以概括的名称。

南通博物苑作为中国最早的公共博物馆,由爱国实业家张謇于1905年创办,已有110多年历史。张謇不仅创办了博物馆,还提出了许多精辟的理论,被后人尊称为中国的"博物馆之父"。

推行现代教育

张謇创办博物苑,跟1903年到日本的考察不无关系。那次,他对日本的实业和教育进行了为期70天的考察,作为学校教育之补充的博物馆,给他留下了深刻的印象。回国后,张謇希望国家办博物馆,并于1905年上书光绪帝,撰写了《上南皮相国请京师建设帝室博览馆议》和《上学部请设博览馆议》,建议在北京建立集博物、图书为一体的博览馆,进而推行到各省、府、州、县。

在上书的同时，张謇在家乡南通也身体力行，创办地方博物馆。1905年，他购地35亩，移荒冢千座，建设博物苑。除了率先捐出自己全部所藏，还动员朋友积极捐赠。1907年，他刊印了《通州博物馆敬征通属先辈诗文集书画及所藏金石古器启》，广泛征集藏品。"纵之千载，远之异国者，而昭然近列于耳目之前"——这是他的馆藏理想。他希望"收藏故家，出其所珍，与众共守"。但私立博物馆毕竟财力有限，于是他将重点放在了地方文物征集上，并亲自题写匾额："中国金石至博，私人财力式微，搜采准的务其大者。不能及全国也，以江苏为断；不能得原物也，以拓本为断。"

博物馆的建馆理念在张謇的两份奏折里已有清晰的呈现。他认为办博物馆要有6个方面：建筑，即选址、面积、容量等；陈列，博物馆应该分部陈列，立表编号；管理，要专门修订章程，遵照章程管理；模型，所有古代宫室器物，现在见不到的要征集图画书籍，然后还原当时的模型；采辑，即文物征集工作；表彰，对捐献文物的人要给予表彰。

南通博物苑正是按照上述理念进行建造，藏品分为自然、历史、美术、教育四部，主要展馆有南馆、中馆、北馆，户外还养殖珍禽、种植花木。1910年年末，博物苑已初具规模，张謇写下了七律《营博物苑》以表心迹："濠南苑囿郁璘彬，风物骈骈与岁新。证史匪今三代古，尊华是主五洲宾。能容草木差池味，亦注虫鱼磊落人。但得诸生勤讨论，征收莫惜老夫频。"

再现历史风貌

南馆是最早建设的展馆之一，典型的西式洋房建筑风格，张謇将其命名为"博物馆"，二楼月台挂着他亲笔题写的楹联："设为庠序学校以教，多识鸟兽草木之名"。这是他的办馆宗旨，辅助学校教育，普及科学文化知识。以前的南馆是博物苑的主馆，藏品主要

○ 南通博物苑南馆　尹晓宇 摄

○ 博物苑石额　尹晓宇 摄

为自然类。1938年，日军侵占南通，博物苑受到严重破坏，藏品大部分被毁。幸有张謇组织编印的《南通博物苑品目》，可以了解当时的陈列情况。现在的南馆经过重新布置，力图恢复建馆时的样貌。在一楼，可以看到一些动植物标本陈列，如蝴蝶、山羊等标本，二楼是历史、艺术藏品的陈列，如瓷器、雕刻品等。

南馆的馆藏中有一件值得称道的藏品，这便是博物苑石额，原本是建筑表门上的横额。表门为牌坊式，原址在东馆东南侧通往苑内的道路上。刻石为青灰色大理石，正面用端庄的楷体镌以"博物苑"三字。背面有一段文字："光绪三十一年乙巳，购并地二十九家，凡三十五亩有奇。越岁丙午，苑馆测候室成，搜集中外动植矿工之物，乡里金石，先辈文笔，资我学子察识物理。"简述了南通博物苑建馆的过程及愿景。"博物苑"和题记皆为张謇题写。

南馆对面便是中馆，是南通博物苑最早的建筑，始称测候所。原为三间中式平房，屋顶中央设露天平台，放置气象仪器，是南通最早的以现代科学方法观测气象的建筑设施。测候所迁走后加盖二层尖顶小楼，改称中馆，用以陈列金石。目前中馆的陈列亦是如此。

北馆按博物苑早年的功能定位进行恢复建设，楼上陈列金石书画，楼下陈列鲸骨等化石标本。

博物苑内种植着不少花木，并附有铭牌介绍。比如药坛，坛内种植的药材均为本地所产，铭牌上标明这种药材在全国的产地以及功效，起到科普作用。再如国秀坛，不单是植物、石材的展示，也是园林艺术的呈现。中部以太湖石陈列为主，坛周围置有不同地貌的石材。坛中设计了一座凉亭，名曰"国秀亭"，周边种植了不同品种的竹子。

南通博物苑免费开放，参观者换取观览证之后即可入内，参观完毕后将证件收回，既实现了教化功能，又便于统计参观人数。在南通博物苑苑长杜嘉乐看来，苑囿式的设计在当时的认知和定位

南通博物苑新馆全景图

南通博物苑 供图

都是领先的,特别是以教育为主的功能认识,在现代博物馆界具有一定的指导意义。

展示地域文化

张謇的故居——濠南别业现在也是博物苑的一部分。它建于1914年,主楼是一座英式建筑,由南通籍著名建筑师孙支厦设计。1926年,张謇在此与世长辞。现在这处寓所是张謇实业救国毕生经历的展厅。

2005年,南通博物苑百年华诞之际,博物苑又添一座现代化新馆,由两院院士吴良镛教授担纲设计。目前新馆主要展示反映南通历史和地域文化的文物及苑藏精品。

作为地方综合性博物馆,南通博物苑长年展出"江海古韵——南通的古代文明""馆珍遗韵——南通博物苑精品文物展""巨鲸天韵——江海鲸类生物资源专题陈列""跋涉百年——南通博物苑历史展""中国早期现代化的先驱——张謇"等基本陈列。

"江海古韵——南通的古代文明"以南通地区保存下来的文物为主,展示了南通历史、文化、生活的发展脉络及风土人情。"馆珍遗韵——南通博物苑精品文物展"从馆藏文物中遴选出包括玉

● 张謇故居濠南别业

尹晓宇 摄

● 越窑青瓷皮囊式壶

南通博物苑 供图

巨鲸天韵——海洋生物标本展示馆　南通博物苑　供图

器、珐琅器、陶器等在内的132件珍品进行展示。其中值得一提的是国宝级文物——越窑青瓷皮囊式壶。这把壶的制作年代为晚唐至五代，1973年出土于南通市区人防工地。壶通体着淡青绿色釉，壶身左右两侧和腹部各有一条凸起的线，提梁下端与壶体连接处做成相对的龙首形，提梁和壶身多处适当的位置压印了圆珠纹。皮囊式壶是我国北方游牧民族的日常用器，越窑为何烧制了一把这种器型的壶，而且发掘至今仍是孤品，其中之谜一直未解。

"巨鲸天韵——江海鲸类生物资源专题陈列"主要展示鲸类标本，介绍了中国鲸的种类、特征和习性以及博物苑对鲸类动物的关注和研究。此外，还通过300余件自然标本展示了江海南通的海洋多样性生态。

百年沧桑，南通博物苑风物骈骈与岁新。

（尹晓宇　文）

一流建筑举办一流展览

苏州博物馆

　　江苏苏州古城区里,白墙灰瓦的苏州博物馆是一张亮眼的城市名片。"不高不大不突出"的建筑与毗邻的拙政园、狮子林等古典园林完美地融合在一起,错落堆叠的几何形状又为它增添了几分现代气息。

　　苏州博物馆成立于 1960 年,馆址位于太平天国忠王李秀成王府遗址。2006 年 10 月,由建筑大师贝聿铭设计的新馆建成开放。"一流的建筑举办一流的展览,提供一流的服务",秉承这样的理念,苏博在收藏、陈列、社会教育等方面不断突破创新。在 2018 年公布的 2014—2016 年度国家一级馆运行评估结果中,苏州博物馆是唯一跻身"优秀"等级的地市级博物馆。

佛塔中发现的国宝

　　1 万年前,苏州就有人类活动的痕迹,马家浜文化、崧泽文化、良渚文化绵延有序。2500 年前,吴王阖闾定都于此,古城格局由此奠定。作为一家地方性综合博物馆,苏州博物馆馆藏文物 1.8 万余件(套),其中国家一级文物 222 件(套),基本陈列"吴地遗珍""吴塔国宝""吴中风雅""吴门书画"呈现了灿烂悠久的吴文化。

苏州博物馆外景 苏州博物馆 供图

"吴地遗珍"按历史顺序陈列苏州考古遗址出土的文物,从史前到元明时期,有玉器、青铜器、陶瓷器、金银器、家具、服饰等。

"吴塔国宝"分为"塔放瑞光"和"宝藏虎丘"两个展厅,展示了苏州两座标志性佛塔虎丘云岩寺塔和盘门瑞光寺塔内发现的国宝级文物。在"宝藏虎丘"展厅,阳光透过玻璃窗打在正中的五代秘色瓷莲花碗上,瓷器釉色宛如一泓清泉,晶莹润泽。秘色瓷是越窑青瓷中的精品,存世稀少。1956年云岩寺塔维修期间,这件瓷碗被发现,后被鉴定为五代、北宋时期秘色瓷的标准器。莲花碗由碗和盏托两部分组成,碗身外壁、盏托盘面和圈足均饰有浅浮雕状凸起的重瓣莲花纹,整体造型好似一朵盛开的莲花,光彩动人。

"塔放瑞光"展厅里,讲解志愿者绘声绘色地讲述文物发现的故事:"1978年春天,3名小学生爬上瑞光塔掏鸟蛋,在第三层摸到一块松动的塔心砖,随后发现了塔内的洞穴,竟然是一个存放宝物的天宫……"这批意外发现的文物中,最珍贵的当属北宋真珠舍利宝幢与彩绘四大天王像内函。

真珠舍利宝幢是一件供奉舍利子的容器，由金银、珍珠、玛瑙等佛教七宝连缀而成，珍珠共用了4万余颗，融汇木雕、描金、玉雕、穿珠以及金银细工等技艺，璀璨夺目，精美绝伦。盛放它的内木函用银杏木制成，外壁有彩绘四天王像，线条生动流畅，呈现出"吴带当风"的特点，是罕见的宋画精品。

每年举办重磅书画展

"年底到苏州看展"，这是江浙沪书画爱好者们心照不宣的约定。从"吴门四家"到"清代藏家"，每年冬天，苏州博物馆都会推出一个重磅展览。

苏州是吴门画派发源地，苏博书画收藏得地利之便，精品众多。2011年举办的"历代文人画竹珍品特展"上，最引人注目的展品是苏博珍藏的《七君子图》。《七君子图》为过云楼后人顾笃琨捐赠，囊括了元代书画名家赵天裕、柯九思、赵原、顾安、张绅、吴镇的7幅墨竹图。他们笔下的竹或秀逸，或遒劲，形态万千，浓淡相宜，代表了元代乃至中国墨竹画的最高水准。"展览中我们发现观众对书画很有兴趣，而书画正是苏博收藏的一个亮点，于是我们策划了成系列的展览，将馆藏精品呈现出来。"苏州博物馆副馆长茅艳讲述了系列书画展的由来。

◉ 五代秘色瓷莲花碗　苏州博物馆 供图

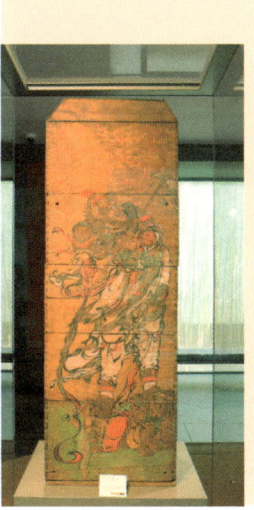

◉ 宋代四大天王像内函　苏州博物馆 供图

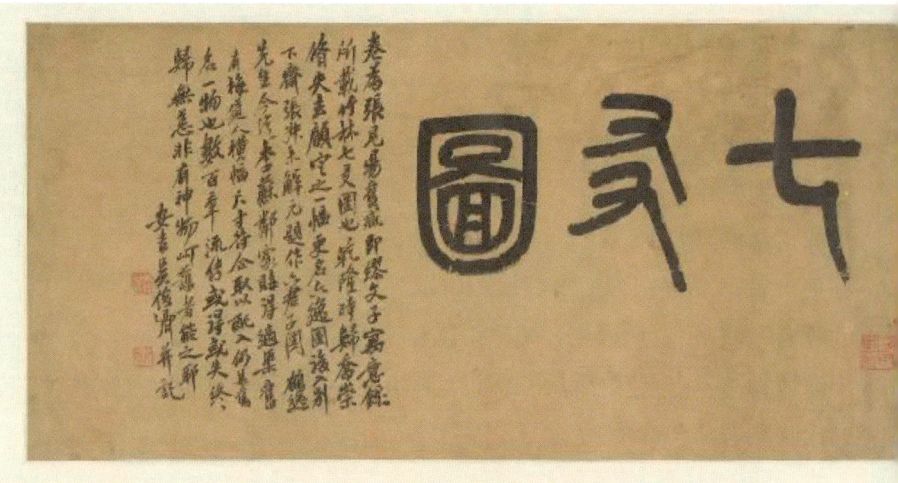

◉ 元七君子图 苏州博物馆 供图

2012年至2015年，苏博还连续举办了"吴门四家"系列展览，沈周、文徵明、唐寅、仇英4位明代画家的作品相继展出，成为备受瞩目的艺林盛事。2016年，苏博又开启"清代苏州藏家"系列，与国内外文博机构合作办展。首展"烟云四合——清代苏州顾氏的收藏"将故宫博物院、中国国家图书馆、上海博物馆、南京博物院等多家文博机构的顾氏收藏书画、古籍、碑帖及文房精品汇集一堂。顾氏过云楼建于清同治年间，是江南著名的藏书楼，如今过云楼陈列馆作为苏博的一部分对外开放，介绍过云楼历代主人的生平与收藏、捐赠故事。

◉ "长物书斋"展厅　周缘 摄

传播雅致生活美学

一张琴，一架书，一件黄花梨平头案，一把南官帽椅……遵循明代文震亨《长物志》中"宁古无时，宁朴无巧，宁俭无俗"的理念，"书斋长物"展厅营造了一个清雅古朴的读书空间，简洁雅致的明式家具辅以琴棋书画等陈设，明代文人的生活方式跃然眼前。

◉ 清白玉渔家乐船形摆件　周缘 摄

"吴中风雅"展区包括宋画斋、书斋长物、陶冶之珍、锦绣浮生等多个展厅，重点展出明清时期苏州人所藏、所赏、所制的工艺品。白玉渔家乐船形摆件、紫檀镶金丝鸟笼、刺绣蟒金箭衣等做工精细、独具匠心，将文人雅趣与市民生活结合在一起，反映出

◉ 清紫檀镶金丝鸟笼　周缘 摄

◉ 清刺绣蟒金箭衣　周缘 摄

苏州人休闲文雅的生活状态。

　　精致考究的苏州手工艺一直传承到今天,是宝贵的民族文化遗产。自 2015 年起,"苏艺天工大师系列"展览已在苏博举办了 10 余期。每次展览后,非遗传承人都会捐赠一些获奖作品,苏博因此能够收藏新一代反映苏工技艺的代表性作品。

　　苏博的建筑设计理念是"中而新、苏而新",在空间营造中潜移默化地传播一种生活美学。设计主庭院时,贝聿铭以墙为纸,将巨石劈切成片,营造出一幅水墨山水画。一池碧水,几尾红鱼,点出苏州园林的神韵。东廊尽头的露天茶室有两株紫藤,是贝聿铭亲手挑选,并嫁接了忠王府内 400 多年前文徵明种下的紫藤。暮春时节,观众坐在风铃般的紫色花穗下喝茶聊天,心旷神怡。2013 年,

苏州博物馆主庭院内的片石假山　周缘 摄

为配合文徵明特展,紫藤种子被开发成文创产品。从此每年秋天"文藤"落花结果之时,一盒盒种子总被抢购一空。

"我们要多从公众的角度考虑,想想博物馆能为他们做些什么。"茅艳的话折射出苏博人的思考。2018年6月,古籍图书馆开放,馆藏古籍成为公众读物,掀起阅读热潮。2019年开放的儿童体验中心里,文徵明、唐寅等江南才子化身可爱的卡通形象,游戏式的教育活动带给孩子们轻松愉悦的文化体验。位于城西的苏州博物馆分馆预计将于2020年年底建成。西馆将与本馆差异化发展,打造一座博物馆学校,成为市民终身学习的场所。

（周　缘　文）

常州博物馆

常博一甲子 阅尽六千年

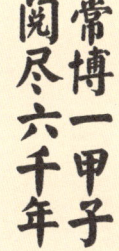

常州博物馆

早在6200多年前的新石器时代，先民们便在江苏常州一带繁衍生息，这块土地上先后经历了马家浜文化、崧泽文化和良渚文化等。常州是吴文化的发源地之一，春秋时期吴王寿梦的第四子季札受封于延陵，成为常州的人文始祖。南朝时，齐梁两朝的开国之君皆出自常州，常州因此被称为"齐梁故里"。宋末，常州人民抗击蒙古族围攻，书写了"纸城铁人"的传奇。迄及明清，常州学派、常州画派、常州词派等几大学派名噪一时。及至近代，又有瞿秋白、李公朴、华罗庚、吕思勉等志士鸿儒。

龚自珍有诗"天下名士有部落，东南无与常匹俦"。在建馆60多年的常州博物馆，参观者可以阅尽常州6000多年的历史。作为一个地方性博物馆，常州博物馆集历史、艺术、自然为一体，拥有文物及自然标本共计3万余件，其中国家一级文物51件。文物藏品以良渚文化玉器、春秋原始青瓷器、南朝画像砖、宋元瓷器漆器、明清书画为特色。另有自然标本8000余件，已形成以皮毛类动物、海洋动物、国内外精品昆虫、地区性中草药、矿物晶体及古生物化

● 南宋朱漆戗金莲瓣式人物花卉纹奁

常州博物馆 供图

● 南宋朱漆戗金莲瓣式人物花卉纹奁盖面

常州博物馆 供图

石为特色的六大收藏系列,其中圣贤孔子鸟化石、翁戎螺、金斑喙凤蝶等标本具有极高的科学价值。

戗金漆奁世无双

漆器在中国有着悠久的历史,从远古部族的祭器、贵族的专用品到文人雅士的玩赏之物,再逐渐发展为平民百姓的日用器物。漆器的发展经历了两个黄金时期,一是战国至西汉时期,一是宋代。宋代漆器,虽然文献上对其颇为称道,但是传世品并不多。杭州老和山、无锡宋墓、淮安杨庙镇等地出土的宋代漆器,无外乎朱、黑或酱色素无纹饰的。直到1976年,常州武进村前南宋墓出土了三件戗金漆器,在国内外考古界引起极大反响,成为研究宋元漆器制造和工艺美术方面里程碑式的史料。特别值得一提的是国宝级文物——南宋朱漆戗金莲瓣式人物花卉纹奁。

奁是中国古代女子盛放梳妆工具的化妆盒。这件奁盒呈十二棱莲瓣式筒状,通高21.3厘米,直径19.2厘米,木胎,由盖、盘、中格、底格多层扣合而成,通体外髹朱漆、内髹黑漆,合口处镶包银扣。盖面为戗金仕女消夏图,两位风姿婀娜的仕女,一人手持折扇,一人怀抱团扇,把臂偕游,窃窃私语。小丫鬟捧了一个胆瓶随侍在傍,好像在等候主人采花插瓶。奁身四周十二棱间戗刻有荷花、牡丹、梅花、山茶、莲花等六组折枝花卉。漆奁出土时还装有铜镜、

南朝龙纹画像砖 常州博物馆 供图

木梳、竹篦、竹剔子、粉盒、胭脂盒、香盒等古代女性日常用品。

奁盖内侧朱书"温州新河金念五郎上牢"十字款铭。宋代时漆器铭文比较普遍,而朱书铭文是此时浙江漆器的一大特征。"温州新河"为地名,随着南宋政权的南迁,漆器制作的重心转向杭州和温州。"金念五郎"为工匠名,"上牢"则为上等、坚固耐用之意。

这个奁盒做工精美,跟使用的戗金技艺不无关系。据文物鉴赏家王世襄考证,戗金技艺最迟在西汉时期便已出现。《髹饰录》记载宋代漆工采用细钩织皴戗金的技法,把填漆与戗刻相结合,创造错戗金髹饰工艺,即以黑漆为底,用针或刀尖在漆地上刻画阴线花纹,上漆后填以金粉,称为戗金。遗憾的是戗金技艺当下已经失传。

神兽墓砖伴升仙

1976年3月,常州南郊茶山戚家村发现一座南朝墓葬,其中出土了850多块画像砖。这批南朝画像砖不仅数量众多、题材丰富、布局考究,而且图像清晰,制作工艺精湛,雕刻手法多样。按题材可分为人物、神兽和花纹三类。其中最值得称道的是一组龙纹画像砖,由7块单砖拼镶而成,长34厘米,宽35.2厘米,高16.5厘米,呈浅浮雕的立体图案。

图案中的龙张开大口,长舌外露,头顶长有分支的双角,细长颈,身体弯曲,长尾上扬,背部、尾端及四肢关节处生有飘动的飞鳍,身躯雄健有力，作凌空腾飞状，气势非凡。

龙是中国古代"四神"之一，其形象常见于各种装饰图案。上古时期，龙的形象多为匍匐爬行，结构简单。后世定型的"现代龙"，虽然形象威严，却略失刚猛与生机。而这组南朝画像砖上龙的造型，已脱离上古时期的爬行动物之态，从匍匐变为飞腾，有一种生机勃发之感，又与后来的"现代龙"有所不同。

从出土位置来看，此画像砖位于墓室东壁第一层的两扇直棂窗当中，西壁还有一幅虎纹画像砖，中间为一幅飞仙画像砖。"东方龙、西方虎"的道教神位式布局以及飞仙画像砖的使用，表明墓葬主人意图通过仙人和神兽的引导而升天成仙。

影青观音润如玉

博物馆陈设中，有一处罗汉拓片环绕的佛教造像展橱，它的底本是常州千年古刹天宁寺的五百罗汉石刻像拓本，尊者表情丰富，形态多样，栩栩如生。橱窗里的一尊观音像格外醒目：头戴珠冠，外披通肩大衣，下着长裙，胸前佩挂璎珞串珠，腕戴珠钏，双臂搁于腿部，赤脚搁于宝座镂孔的台阶石上。观音两足之间有一莲花形插座，右边置一净瓶，左边塑一小鸟。此观音像雕琢十分精细，近看，每根指头上的指甲都清晰可见。

◉ 南宋景德镇窑影青观音坐像
常州博物馆 供图

据考证，这是南宋时期景德镇窑系的产品，属于当时的家居陈设瓷。不论是造型雕工，还是上色施釉，这尊观音像都体现了南宋景德镇窑最高工艺水平，是中国陶瓷艺术中不可多得的珍品。

在烧制手法上，它采用的是影青手法。所谓影青，是指宋代景德镇烧制的具有独特风格的青白瓷器，其特色是胎薄质坚，透光性强，釉面如玉般温润。宋代以后，逐渐形成了以景德镇窑系、德化窑系、石湾窑系为中心的三大观音瓷塑制作基地。其中景德镇窑系观音以其影青釉色雅致清淡、温润如玉、造型端庄高贵，为社会中上阶层所钟爱。

没骨写生传清韵

明清之际，常州画派熠熠生辉，清代《国朝画征录》记载："近日无论江南江北，莫不家家南田，户户正叔，遂有'常州派'之目。"其中的南田、正叔皆指恽寿平。

恽寿平是"清初六大家"之一，长于没骨花卉，自称学北宋徐崇嗣法，重视写生，色彩明净，对明末清初花卉有"起衰之功"，被尊为"写生正派"。他从小跟堂伯父恽向学画，初工山水，师法黄公望、王蒙、倪瓒，受黄影响较大，笔墨秀峭。"清初六大家"中王时敏、王鉴、王翚（huī）以山水有名于先，恽寿平便另辟蹊径，在"没骨花"法基础上，创造出设色明净、笔法简洁、格调清雅、自成一格的"恽体没骨"花卉画风。除继承传统技法外，还独创了"点花粉笔带脂，点后复以染笔足之"的点染同用技法。在画面构制上，注重色、墨、水的充分调和互渗，并利用其在纸或绢上的自然洇润而使之形成轻薄鲜亮的美感，造成灵动清爽的艺术效果。后人赞誉"飘飘若仙，宛如李白之诗"，"赋色之妙，为古今绝艺"。因其诗、书、画均有较高造诣，常常画成，自题书跋，被誉为"南田三绝"。

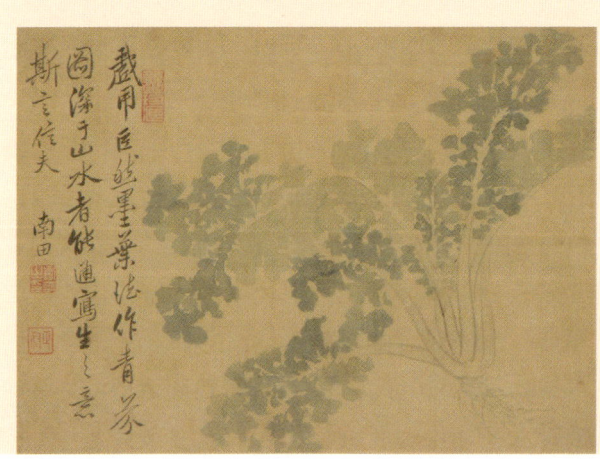

恽寿平四开《蔬果册页》

常州博物馆 供图

常州博物馆馆藏恽寿平四开《蔬果册页》代表了他的艺术造诣。蔬果主要以墨彩点染而成，色彩鲜艳却不滞重，用笔洒脱清隽，生机盎然。款字书法以王献之为体，褚遂良为面，黄庭坚为骨，优雅自然而不失法度谨严，与其画风相得益彰。从题款得知，恽寿平画此册时已53岁，是赁居瓯香馆时所作，合乎其"甚似则近俗，不似则离，惟能通笔外之意，随笔点染，生动有韵，斯免二障"的要求。

(尹晓宇 文)

扬州博物馆

广陵技艺传千古

扬州博物馆

自吴王夫差公元前486年开邗（hán）沟起，扬州已经有2500年历史。

"故人西辞黄鹤楼，烟花三月下扬州""天下三分明月夜，二分无赖是扬州""春风十里扬州路，卷上珠帘总不如""试问江南诸伴侣，谁似我，醉扬州""二十四桥仍在，波心荡、冷月无声"……对于扬州，文人墨客历来不吝笔墨，笔下有繁花似锦、缠绵悱恻，亦有物是人非、苍凉惆怅。

这个城市层次丰富，从扬州博物馆里可见一斑。新石器时代就有早期人类活动的遗迹，经历过汉、唐、清的繁荣，亦有朝代更迭之殇。

扬州博物馆始建于1951年，现在的新馆在明月湖附近，有"广陵潮——扬州古代城市故事"厅、扬州八怪书画厅、明清书画厅、国宝厅、古代艺术厅、中国雕版印刷展厅、扬州雕版印刷展厅、特展厅和现代艺术馆9个展厅，馆藏文物3万余件，另有10万余片古籍雕版版片。

元代蓝釉瓷珍品

提起扬州博物馆,名气最大的是一件国宝级的瓷瓶——元代霁蓝釉白龙纹梅瓶。它是一个典型的梅瓶,口小、颈短、肩丰,肩以下逐渐收敛,至近底部微微外撇。梅瓶腹部刻画出一条龙追赶一颗火焰宝珠,这一纹饰俗称"赶珠龙纹"。辅纹是四朵火焰形云,火焰的根部连有一颗小型宝珠,好像浮动的珊瑚枝。巨龙威武、雄壮、悍猛,腾空飞舞于万里蓝天,颇有叱咤风云之势。

元代的蓝釉瓷器传世十分稀少,目前全世界仅存有 12 件,而白龙纹饰的梅瓶只有 3 件,另外两件分别收藏在巴黎集美博物馆和北京颐和园。藏于巴黎的那一件,白龙头部烧制的时候有黑点,不够完美,北京的那一件,瓶身有一道明显的裂痕。而扬州博物馆这一件器型最大,也是最完美的一件。

说起这个梅瓶的获得,还有一段掌故。梅瓶曾经的主人是扬州轻工机械厂的退休工人朱立恒先生,梅瓶原本是他家祖传的宝贝,此瓶传到他已经是第六代。1976 年,朱立恒以 18 元多一点的价格卖给了扬州文物商店,1978 年扬州博物馆以 3000 元购得此瓶。

手工技艺发达

和田玉,扬州工。手工技艺发达一直是扬州的标签,早在古邗国时期,青铜兵器的

◉ 元代霁蓝釉白龙纹梅瓶 扬州博物馆 供图

◉ 东汉铜卡尺 扬州博物馆 供图

◉ 唐代伎乐飞天金栉 扬州博物馆 供图

铸造技艺便已经很发达,吴、越在此基础上将其发扬光大,人们熟知的干将莫邪(亦作"莫耶")的故事,讲的就是吴人铸造的宝剑。《吴越春秋》记载:"干将者,吴人也,与欧冶子同师,俱能为剑。越前来献三枚,阖闾得而宝之,以故使剑匠作为二枚:一曰干将,二曰莫耶。莫耶,干将之妻也。"又如《周礼·冬官考工记》中有言:"吴越之剑,迁乎其地而弗能为良,地气然也。"

工欲善其事,必先利其器。扬州博物馆的陈列中,有一把东汉墓中出土的卡尺,从外形上看跟现代人使用的卡尺差别不大。这把卡尺出土于邗江甘泉镇姚湾村汉墓,由主尺(固定尺)、副尺(活动尺)和导销三部分组成。卡尺长13.3厘米,固定尺卡爪长5.2厘米,厚0.5厘米。固定尺上端鱼形柄,饰鳞状纹,尾部有小孔,在固定尺中间开一导槽,槽内置导销,导销可循着导槽左右移动。在活动尺与活动卡爪间接一环形拉手,以便于操作卡尺测量,使用时,通过活动尺的左右移动,可测量器物的直径、深度以及长、宽、厚。

至唐代,扬州已有类型众多的手工业,近年来在扬州考古发现了多处唐代手工作坊遗址,包括铜坊、官锦坊等,其中尤以金银制造、造船、纺织著称。特别是金银制造,由于造型精美、工艺精湛,成为向中央进贡的重要物品,其中就包括了杨贵妃所需的奇珍异宝。

推测为安史之乱时期的伎乐飞天金栉代表了当时的技艺水平。金栉是一种头饰,用薄金片镂空錾(zàn)刻而成。这枚金栉呈马蹄形,下部呈梳齿状,栉面上部满饰花纹,中心主纹以卷云式蔓

● 唐代西亚绿釉陶壶

扬州博物馆 供图

草作地,上饰两个对称的奏乐飞天,飞天下方饰一朵如意云纹。周边饰多重纹带,分别为单相莲瓣纹带、双线夹莲珠纹带、镂空鱼鳞纹带、镂空缠枝梅花间蝴蝶纹带等。

　　唐时的扬州已是对外贸易港口城市,尤其是中晚唐以后经济和文化十分发达,成为重要商品的集散地和商人聚集的中心。《太平广记》中有不少呈现胡商在扬州的故事,扬州的铜镜伴随着胡商的活动远销海外。

　　扬州博物馆藏有一件唐代的西亚绿釉陶壶,唇口、高颈、丰肩、鼓腹,腹下渐收,饼形足,底心内凹。上部下方至肩置条形对称双耳,内外壁均施绿色釉,近底部有底釉,底足微露土黄色胎,通件饰弦纹和水波纹,具有鲜明的异域风格。此外,扬州出土的卫夫人墓志铭中次子名波斯,反映出当时扬州的波斯人不少,这也应该跟胡商有关。

雕版印刷遗产丰富

　　中国古代的雕版印刷技艺被誉为人类印刷史上的"活化石",入选了世界人类非物质文化遗产名录。作为中国雕版印刷发祥地之

晚清《古逸丛书》版片

扬州博物馆 供图

一,扬州保存着极为丰富的雕版印刷文化遗产。博物馆收藏的10万余片古籍版片中,尤其值得称道的是《古逸丛书》版片,它由黎庶昌刻于日本东京使署。黎庶昌是近代散文家、外交家,自光绪七年始,两度担任驻日公使。驻日期间,他搜集到日本秘藏及散佚书目26种,共200卷,刻印成册为《古逸丛书》。"裒(póu)然巨帙,摹勒精审,毫发不爽。初印皆用日本皮纸,洁白如玉,墨如点漆,醉心悦目。"晚清金石学家叶昌炽对其评价之高,足见其刻印水平。黎庶昌任满归国时,将这部丛书的全部版片带回,交与江苏官书局,受到国人重视。

(尹晓宇 文)

荆州博物馆

楚都故地 珍品荟萃

荆州博物馆

提起湖北省荆州市，人们习惯称之为"荆州古城"。一则，由于荆州古城墙是中国保存最完好的四座古城墙之一，碧波荡漾的护城河绕城一周，何谓"城池"，一目了然；二则，由于荆州历史悠久，中华大地古称"九州"，"禹划九州，始有荆州"，荆州名列"九州"之一，建城历史长达3000多年。

漫漫历史长河中，荆州最负盛名之时要数春秋战国时期和三国时期。借助《三国演义》的流传，"刘备借荆州"的故事已是家喻户晓，而据文献记载，早在春秋战国时期，公元前689年，荆州已经是楚国都城。楚国曾是可与秦国一争高下、"逐鹿中原"的强盛国家。楚国都城，自然是楚国最繁华的城市。随着楚国的发展、疆域的变化，楚国曾多次迁都。但不论迁都至何处，都城的名字都叫做"郢（yǐng）"。至今，荆州城内还有"郢都路""郢都中学"等以"郢都"命名之地。

古人视死如生，崇尚厚葬。荆州地下古墓众多，出土文物珍品荟萃，名动一时的"越王勾践剑"即于1965年出土于荆州望山楚

战国时代彩绘虎座鸟架鼓
荆州博物馆 供图

墓群中。近年来最令考古界轰动的要数"熊家冢楚墓",它是目前所见规模最大、保存最好、陵园布局最完整的楚国高等级贵族墓地,也是春秋战国时期楚文化最高水平的代表。

色泽艳丽的楚国漆木器、成色如新的四代越王剑、精美绝伦的战国丝制品……大量打着楚文化鲜明烙印的精美文物,收藏于荆州博物馆内。始建于1958年的荆州博物馆,可谓楚文化的艺术宝库,现有馆藏文物近17万件,其中国家一级文物500余件(套),2008年被国家文物局评定为首批国家一级博物馆,年均接待观众逾100万人次。

楚国漆木器:瑰丽楚文化的艺术呈现

虎座鸟架鼓,是非常有代表性的楚国乐器,与编钟、编磬组合使用,一般只出土于楚国贵族墓葬。今天我们途经湖北省会武汉市的火车站、地铁站、大型酒店,常常会看见它的复制件或墙面浮雕、壁画等。在荆州博物馆,可以看见大小不一、色彩纹饰略有不同的多个虎座鸟架鼓。它以两只卧虎为底座,虎背上各站着一只昂首高歌的凤鸟,两只凤鸟之间悬挂一面皮质大鼓。造型优美,色泽大气,兼具实用性。

凤鸟是楚国文物中最常见的形象,在楚国漆器中主要以红、

战国时代彩绘浮雕凤鸟莲花漆豆 荆州博物馆 供图

战国时代彩绘猪形酒具漆盒 荆州博物馆 供图

黑二色呈现。这与楚人崇凤的传统有关。崇凤,因为楚人以为凤是其先祖祝融的化身;尚赤,也与楚人先祖祝融是周朝"燔(fán)燎"有关,所谓"燔燎"就是祭天时主管火的官。

荆州是楚国形成和发展的中心区域,在荆州出土的楚国漆器无论数量、种类还是精美程度,都是其他地方无法比拟的,可谓当时的巅峰之作。除了虎座鸟架鼓,荆州博物馆还展出了许多精美绝伦的漆器。有墓主人生前使用的各种器物,也有专门的丧葬用品。如凤鸟莲花豆,由莲花豆盘和凤鸟雕塑组成,莲花豆盘外壁浮雕着一圈共14片仰瓣莲花,凤鸟的鸟身上精细地描绘了龙、凤、蛇、蟾蜍和鸟羽等多种图案,背部和尾部则绘有双头凤鸟纹和双龙纹。凤鸟的腿呈下蹲状,鸟爪紧紧抓住一条蜷曲的蛇。豆是古代的高足盘,由盘、柄、座三部分组成,可以盛少量食物。不过显然凤鸟莲花豆的装饰性超过它的实用性,从它可以看出,战国时期的楚漆器艺术无论造型还是髹漆彩都达到了顶峰。

还有造型可爱的猪形酒具盒,浑圆的"猪身",两边各一个很"卡通"的猪头。这个距今2300多年的文物至今色泽鲜艳如初,整体光滑锃亮,浮雕猪嘴嘟着,眼睛圆圆的,活灵活现。猪身上绘有一

◉ 战国中期凭几：我国最早的根雕艺术品之一

荆州博物馆 供图

首双身的红色龙纹。这种器形以及花纹在《山海经》中有多处记载，分别被称为"双封"和"遗肥"。这件带龙纹的猪形酒具反映了楚人对这两种神物的信仰和崇拜。

镇墓兽作为古代镇墓辟邪的丧葬用品在楚墓中很常见。一般由方形底座、曲形兽体和鹿角三部分组成。在荆州博物馆看到的巨大镇墓兽，兽像两眼鼓突，口吐长舌，面目狰狞，最特别的是，它的两对鹿角是真的麋鹿鹿角涂漆后插到兽首上的，色泽十分鲜艳。镇墓兽置于棺材的正前方，好像给墓主人站岗的哨兵。

荆州博物馆还陈列了一件战国中期的凭几。它是目前中国发现最早的根雕艺术品之一，集艺术与实用于一身。中国根雕协会的会标原型就是这件文物。它的头像蛇头，身体像龙，尾巴像蜥蜴。它的四条腿上分别雕刻着蛇吃蜥蜴、蜥蜴吃鸟、鸟吃蝉、蝉吃树根的图案，反映了2000多年前古人就已经有了生物链关系的哲学思想，具有独特的考古价值。

战国丝绸宝库：叹为观止的织绣工艺

荆州博物馆里有一处独特的楚汉织绣品展，其中展示的丝绸制品大多出土于马山一号墓。2300多年前的"蚕丝被"、绵袍、裤子……制造工艺之精湛，刺绣图案之生动，令人难以完全复制。

马山一号墓的墓主人是士阶层中的一位贵族夫人。墓底长3.24米，宽仅1.84米，墓葬规模并不显赫。1982年1月上旬，在马山砖瓦厂取土场，前来调查的湖北省文物考古工作者不经意间发现了一座小型土坑竖穴墓。这是一座典型的楚墓，类似的墓葬在荆州纪南城周围屡见不鲜。然而，在考古工作者揭开棺室的一瞬间，他们为这非同寻常的丝质宝藏深深地震撼了。墓主人身穿5层丝绸衣物，衣物外又被13层丝织品层层包裹，由9根提花锦带系好。

丝绸的主要成分是蛋白质，由于它极易腐烂，在墓葬中很难保存下来。在马山一号墓发现之前，湖南马王堆一号汉墓因其出土了丰富的丝质品而号称"汉代丝绸宝库"。先秦时期的丝织水平与服饰制度如何，人们尚不能从文献与考古资料中尽知其详。马山一号墓，不仅出土了组合齐全、保存完好的丝织衣物，而且其时代较马王堆汉墓早出近半个世纪，比中国的"丝绸之路"还要早。

这些珍贵的丝织品，不仅年代久远，而且织造技艺十分高超。根据对出土丝织物的分析可知，公元前4—3世纪的楚人已经熟练掌握了饲蚕、缫丝、织造、炼染的一整套技术，并已达到了相当高的水平。<u>纬线提花针织绦带是先秦纺织品种的新发现，这一发现把我国针织技术起源的历史提前到公元前3世纪。</u>

荆州博物馆在展出的丝绸制品旁边，一般还展示真品的复制件，两相对比，真品除了因时间的洗磨有些褪色外，往往比复制品花纹更加生动，让人叹为观止。

"记得绿罗裙，处处怜芳草""野花留宝靥，碧草见罗裙"，在古诗词中，"罗裙"是常见的意象，衣袂翩翩的女子倩影因之跃然纸上。但古时的"罗"到底是怎样的形态？不能仅凭想象。马山一号墓主人的"龙凤虎纹绣罗单衣"让人见识了战国时"罗"的模样。

罗是一种绞经网孔状的丝织物，轻柔透明，细看可见小小的网眼。让人惊奇的是，"龙凤虎纹绣罗单衣"的"罗"网眼竟呈六边形，今人复制，只能织出四边形。灰白色的素罗只是"龙凤虎纹绣罗单衣"的绣地。在此之上，古人用多种颜色的丝线绣出了龙、凤、

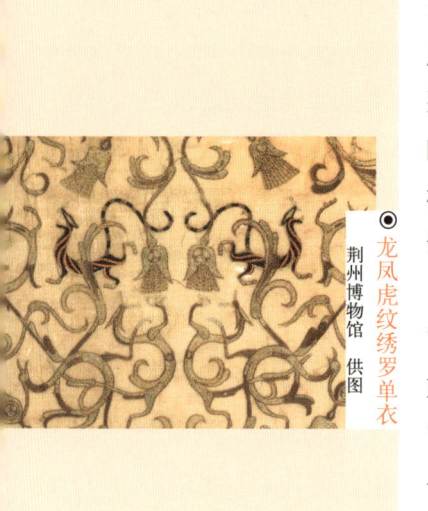

龙凤虎纹绣罗单衣 荆州博物馆 供图

虎三种动物形象。凤鸟双翅张开，脚踏小龙，另一侧是一只全身布满黑红条纹的斑斓老虎，张牙舞爪追逐前方大龙，大龙作抵御状。整件绣品色彩鲜艳，绣工精细。在这种轻柔的素罗上锁绣出纹样繁复的美丽图案，难度极大。这件"龙凤虎纹绣罗单衣"为当时丝制品的巅峰之作，已被定为国家一级文物。

"罗衾不耐五更寒。"李后主词中的"衾"就是被子。马山一号墓出土的"对龙对凤花卉纹绢面绵衾"可以说是现存最早的"蚕丝被"。它长、宽均为1.9米，正上方有一个凹口，正好露出头来。绵衾的花纹也非常生动，对龙对凤，以花草相连，针法娴熟，是绣品中的上乘之作。

中国人何时开始穿裤子，裤子是什么形态的？此墓出土的"凤鸟花卉纹绣红棕绢面棉绔"解答了人们的疑惑。这是迄今为止我国发现的年代最早的裤子，展开后类似灯笼裤、萝卜裤样式。有意思的是，这条棉绔两裆互不相连，后腰敞开，形成开裆。

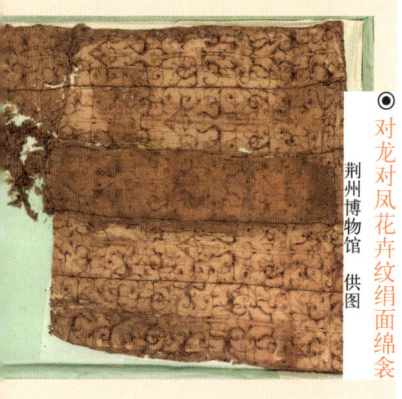

对龙对凤花卉纹绢面绵衾 荆州博物馆 供图

熊家冢楚墓：规模最大、等级最高

熊家冢楚墓是位于荆州区川店镇张场村的一处特大型楚国高等级贵族墓地，整个墓地由主冢、陪冢、车马坑、人殉墓、祭祀坑等组成，是目前发现并发掘的面积最大、规格最高的楚国墓地。2006年以来，考古工作者对墓地进行了系统勘察和局部发掘整理，其成果屡屡引起考古界轰动。

此墓已发现车马坑34座，其中有3辆六马驾车，荆州市在其原址修建了车马阵展区。按照商周礼治，"天子驾六"，一般只有天子才能乘坐六马驾车，诸侯驾五，卿驾四，大夫驾三，士人驾二，庶人驾一。尽管西周末年礼崩乐坏，这一制度遭到一定破坏，但从出土的六马驾车可以推断，墓主人身份级别非常高。

熊家冢楚墓还发现人殉墓130多座，一人一墓，意味着活人殉葬达130人以上。殉葬者以女性居多，有些女性殉葬者身边发现了一些乐器，可能是墓主人的舞女或者歌女，根据陪葬品判断，有的殉葬者身份比较高贵，可能是墓主人的妻妾。殉葬者大多佩戴玉器，这些玉器也大多展于荆州博物馆。

组玉佩，又称玉杂佩，是多件不同种类的玉佩穿缀在一起的玉器组合。《诗经·郑风·女曰鸡鸣》中"知子之来之，杂佩以赠之"的"杂佩"就是指组玉佩，由玉璧、玉环、玉璜等多种玉器组合而成。在熊家冢楚墓，已出土四套完整的组玉佩，由身份较高的女性陪葬者佩戴，有的玉佩上刻有六条龙，可见墓主身份之高贵。

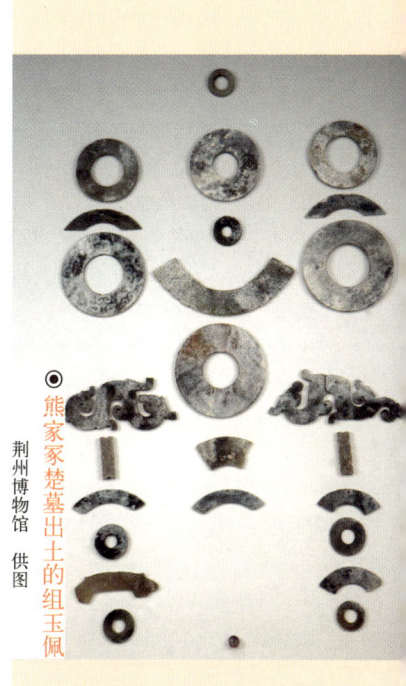

◎ 熊家冢楚墓出土的组玉佩　荆州博物馆 供图

（田豆豆　文）

武汉博物馆

江城古今 尽在其中

武汉博物馆

武汉是一座有着3500年建城史的历史文化名城。自商代盘龙城肇始,到三国时期夏口城、郤(què)月城割据,隋唐时期武昌、汉阳"双城"格局确定,再到明代汉水改道后"三镇鼎立",悠远的历史留下了丰富的文化遗产。武汉博物馆正是这座魅力江城的重要文化载体。

1986年,武汉博物馆成立。2001年,坐落于汉口后襄河公园的武汉博物馆新馆向公众开放。作为首批国家一级博物馆,武汉博物馆通过出土文物、建筑遗址、城市风貌等内容的展示,传播武汉悠久灿烂的城市文明。

收藏珍贵青铜器瓷器

滚滚长江烟波浩渺,黄鹤楼与晴川阁隔江相对,江面千帆竞发,两岸屋舍鳞次栉比,城墙逶迤如龙……走进武汉博物馆一楼序厅,墙上的巨型丝织挂毯向来人展示着明代武汉三镇的繁华景象。挂毯以馆藏明代画作《江汉揽胜图》为蓝本制作而成。2018年,国家

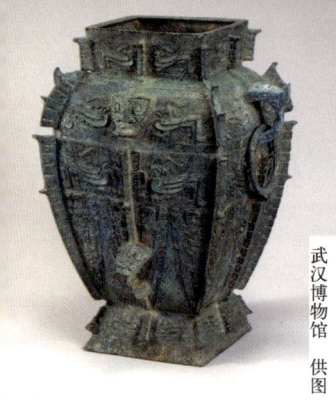

商代凤纹方罍 武汉博物馆 供图

元青花"四爱图"梅瓶 武汉博物馆 供图

三国青瓷坞堡 武汉博物馆 供图

主席习近平在武汉会晤印度总理莫迪时，会议厅墙面的背景图正是这幅古画。

以《江汉揽胜图》为代表的明清书画是武汉博物馆重要的馆藏文物品类。目前，武汉博物馆馆藏文物5万余件，包含中国古代青铜、陶瓷、玉器、书法、绘画、印章、雕塑、明清家具、钱币、文献等门类，其中国家一级文物55件（套）。

博物馆一层设有"历代文物珍藏"和"中国古代陶瓷艺术"等常设展览。在"历代文物珍藏"展厅，可以看到1966年出土于武汉市蔡甸区永安乡竹林嘴的商代凤纹方罍（léi）。

罍是一种大型盛酒器和礼器，流行于商晚期至春秋中期。这件方罍造型雄浑，纹饰精美，工艺集浮雕、线雕于一体，代表了中国青铜时代鼎盛时期的铸造水平。其通体以云雷纹衬底，主体纹饰自上而下分为五组，题材为商代青铜器上常见的凤鸟纹和饕餮纹。由于青铜罍流行时间短，存世数量少，方体罍更是少见，故这件凤纹方罍格外珍贵，堪称武汉博物馆的"镇馆之宝"。

"中国古代陶瓷艺术"展汇集100多件陶瓷精品，包括陶器、单色釉瓷、彩瓷和青花瓷，梳理了中国陶瓷艺术发展的历史脉络。

元青花"四爱图"梅瓶是馆中珍品，尤

◉ 武汉古代历史陈列 第一展厅 武汉博物馆 供图

为引人注意。梅瓶通体绘青花纹饰，腹部的四个菱形开光内，分别绘有林和靖爱梅鹤、王羲之爱兰、陶渊明爱菊、周敦颐爱莲的图案，体现了古代文人的清雅意趣。1987年，原武汉市文物商店武胜路门市部从一对夫妻手中收购了这件梅瓶，后入藏武汉博物馆。元青花存世较少，装饰题材大多为动植物、几何图案，人物纹样极少，"四爱图"梅瓶因此显得弥足珍贵。

展现江城数千年变迁

　　武汉博物馆二层常设展览"武汉古代历史陈列"，通过"江汉曙光""商风楚韵""军事要津""水陆双城""九省通衢"5个单元，将新石器时代至清末数千年间武汉城市形态和功能的变迁呈现在观众眼前。

　　展厅里陈列着根据考古研究成果按比例复原的盘龙城宫殿模型。盘龙城是商代人为治理南方在长江中游建立的都邑，也是长江流域发现的第一座商代古城，被誉为"武汉城市之根"。1954年，武汉遭遇特大洪水，人们在盘龙湖畔取土筑堤时，意外发现了盘龙城古文化遗址。这一发现将武汉的建城史推到3500年前。盘龙城遗址出土了大量陶器、玉器和青铜器等，其中的代表性文物如陶甗（yǎn）、兽面纹十字孔青铜觚（gū）等，在展厅中均有陈列。

　　三国时期，武汉以其优越的地理位置成为军事要津，留下了许多文化遗存。出土于武汉黄陂区滠口的三国吴青瓷坞堡，反映了当时拥兵自守、聚族而居的地主庄园经济。这座青瓷坞堡由围墙、

灰陶十二生肖俑 武汉博物馆 供图

正楼、角楼、正房、左右厢房及谷仓组成，整体规模宏大，是具有军事防御功能的封建庄园的缩影。与它一同出土的还有青瓷手工作坊、鸡鸭羊猪圈等，体现了当时的农业经济和农家生活场景。

公元223年，孙权在蛇山上建起夏口城，并在黄鹄矶上修建了一座用来瞭望敌情的楼台，这就是后来名满天下的黄鹤楼。展览用多媒体手段展示了黄鹤楼不同历史时期的形态，并配以古人歌咏黄鹤楼的经典诗句，让参观者感受到这座江南名楼的文化魅力。

隋唐时期，雕塑艺术蓬勃发展。武昌区岳家嘴隋墓中出土的一组灰陶十二生肖俑，造型生动，别具风格，是武汉博物馆的特色展品之一。这组生肖俑均为兽首人身，身穿宽袖交领长袍，腰束丝带，双手合于胸前，盘腿端坐，俨然若君子。它们曾作为武汉市珍贵文物赴日本大分市展出。

在"九省通衢"单元，有一件看上去

"天顺年置"款青花云龙纹瓷碗 武汉博物馆 供图

不起眼的青花云龙纹碗，却具有特殊的意义。2007年，武汉市文物考古研究所对湖北省体中心明王室家族墓进行考古发掘，从镇国将军墓中出土了这件底部有"天顺年置"字样的瓷碗。之前很长时间，古陶瓷研究领域从未见过署有明代正统、景泰、天顺年款的御窑瓷器，结合当时动荡的社会背景，专家推测这一时期可能是御窑瓷器的"空白期"。"天顺年置"铭青花云龙纹碗的发现，填补了这一空白，为陶瓷史研究提供了重要实物资料。

传播现代城市文化

近代以来，武汉成为中国城市转型的先锋，许多重大的历史事件均发生于此。博物馆三层"武汉近现代历史陈列"通过500余件文物、近千幅历史照片、10余个历史场景复原，全景式展现了从1838年林则徐武汉禁烟至1949年新中国成立百余年间武汉波澜壮阔的发展史。

博物馆不仅是沉淀历史的地方，也承担着"为明天收藏今天"的职责。近年来，越来越多的现当代文物成为武汉博物馆收藏和展示的对象，拉近了市民和博物馆之间的距离，增强了博物馆的亲和力。

如今，武汉博物馆已成为市民开展文化活动的重要场所。博物馆适时推出一些活动，传播武汉本土文化，吸引市民参与互动。

2016年以来，武汉博物馆打造的"武汉记忆"系列课程《舌尖上的武汉》《武汉的桥》走进学校和社区，深受大众欢迎。2019年10月，第七届世界军人运动会在武汉举行。武汉博物馆推出"与军运同行——中国近现代体育文化暨军事体育珍藏品特展"，通过300多件文物展示中国近现代体育发展历程和军事体育文化。

（何欣禹　文）

武汉市中山舰博物馆

十年磨一"舰" 英气传千古

武汉市中山舰博物馆

在中国近代史上,湖北武汉是一个重要的存在。晚清重臣张之洞在此创办汉阳兵工厂,推翻封建帝制的辛亥革命也首义于此。1938年武汉会战(又名"武汉保卫战"),是抗日战争从战略防御走向战略相持阶段的重要转折点。在这次会战期间,一代名舰中山舰被日军炸沉于长江金口水域,携着历史的沧桑印记和战士的热血英魂没入江底,直到近60年后,才得以重见天日。

"一代名舰,千古流芳"——国防部原部长迟浩田上将曾为中山舰题词。在今天的武汉市金口古镇、金鸡湖畔,中山舰博物馆巍然矗立,经打捞修复后的中山舰停驻于此。作为专题性纪念性的国家一级博物馆,中山舰博物馆生动再现了中山舰的传奇经历,将80多年前的历史风云拉到人们眼前。

复原一代名舰

从中山舰纪念园区大门进入,漫步栈桥,穿过波光粼粼的金鸡湖,呈现在眼前的一座造型独特的建筑就是中山舰博物馆。中山

中山舰博物馆外观 武汉市中山舰博物馆 供图

舰博物馆工作人员介绍,为了安放打捞出水的中山舰,当年选址时,按照"史为地近"的原则,最终决定将博物馆修建在中山舰的蒙难地——武汉市江夏区金口镇。为使"舰不离水",三面环山、距中山舰沉江处1.5公里的金鸡湖成为其安身之处。

从外观上看,采用"舰馆合一"设计的中山舰博物馆形同一艘战舰,头冲金鸡湖,好似昂首待航。博物馆由两幢相连的建筑构成,舰体陈列厅为全钢架构,中山舰稳坐其中。据介绍,为了在迁移过程中不对舰体造成损坏,博物馆最初只建了三面,直到中山舰整体迁入后才封起最后一面钢构墙。

步入气势恢宏的博物馆大厅,便来到中山舰舰体陈列处。未见中山舰全貌,左舷尾部镶嵌的铜板鎏金"中山"二字先映入眼帘。中山舰原名"永丰舰",1925年为纪念孙中山先生而易名。1997年,打捞中山舰时,潜水员首先探摸到这"中山"二字。可以说,"中山"是中山舰的身份证。

◉ 中山舰舰体
武汉市中山舰博物馆 供图

顺着楼梯往上走,视野变得开阔起来。二楼平台环绕中山舰一周,整个铁灰色的舰体一览无遗。中山舰是钢木结构的潜水型炮舰,长62.48米,最大宽度8.9米,吃水深2.44米,排水量780吨。武汉会战期间,中山舰甲板上的设施几乎全部被炸毁。本着"整旧如旧,恢复原貌"的文物修复原则,中山舰恢复了1925年改名时的历史原貌,包括舰体外观及舰载装备、设施和部分舱室。虽然中山舰看上去不大,但有110个大大小小的舱室,可谓"麻雀虽小,五脏俱全"。

除了后期修造的部分,舰尾部的尾轴、托架、舵板都是舰上原物,还保留了1938年与日军浴血奋战时的两处创伤痕迹。参观者可以清楚地看到右舷钢板上裂开的弹坑,还有驾驶舱上方炸弹炸开的大洞。两处伤痕仿佛在诉说着当年的战争情景。

中山舰在1997年被打捞上岸后,又历经了10余年的时间,才成为人们今天看到的样子。1997年1月28日,经过100天的打捞,中山舰终于露出水面，锈迹斑斑，裹满泥沙。1999年11月，漫长而又艰辛的修复与保护工程在湖北船厂开始。2001年9月，修复竣工。2008年5月，中山舰才从湖北船厂整体迁入目前的中山舰博物馆舰体陈列厅。

在浮船坞的承托下，中山舰先走水路，逆江而上到达博物馆附近，然后破江堤，走旱路，把20多个高压气体填充皮囊放在舰体下，用大型卷扬机带动钢绳在前面拖拉。短短数百米的距离，花了五六天时间才走完。从获得打捞权、整体打捞成功，到修复舰体、选址建馆等，中山舰的打捞、修复、陈列凝聚了无数人的心血与智慧。这个曾经看来不可能完成的工程，终于变成了现实。

诉说历史风云

作为中国现存的唯一一艘有近百年历史的军舰，中山舰见证了历史的风云变幻。在26年的服役生涯中，它经历了护国战争、护法战争、孙中山蒙难、"三二〇"事件、武汉金口血战等事件。步入博物馆二层的史迹陈列大厅，中山舰的故事在参观者眼前铺陈开来。

1910年，清政府为重建海军，向日本长崎三菱造船所订制了永丰舰，也就是后来的中山舰。但当1912年6月永丰舰建成下水时，清王朝已经覆灭，永丰舰由民国政府接管。1913年，永丰舰被编入北洋海军第一舰队。之后，它参加了孙中山领导的护国讨袁运动和护法运动。1922年，深受孙中山信任的粤军总司令陈炯明发动叛乱，孙中山登临永丰舰指挥平乱。在激烈的炮战中，永丰舰载着孙中山冲出叛军包围，九死一生。正是因为这段历史，1925年孙中山去世后，广州革命政府将永丰舰易名为中山舰。

1937年，日本发动全面侵华战争。次年，武汉会战打响。时任中山舰舰长萨师俊奉命率中山舰移防金口至嘉鱼、新堤沿江一带。10月24日下午，6架日军轰炸机突然飞临中山舰上空，轮番对其展开轰炸。

萨师俊随即率舰攻击，但舰首的厄力肯炮在连续猛烈发射后发生故障，左舷中弹，接着锅炉舱、机器舱也被炸起火。萨师俊双腿被炸断，左臂受重伤，仍坚持指挥，不肯离舰。但此时中山舰已失去动力，进水严重，舰身大幅倾斜超过40度，已无望得救。在部下的再三要求下，萨师俊方才和受伤官兵登上舢板离舰。然而，载有伤员的舢板遭到日机扫射攻击，萨师俊中弹，当场殉难。当日，和萨师俊一同殉难的还有24名官兵，全舰战士仅有18人生还。在战斗结束10分钟后，中山舰缓缓下沉消失在江面，结束了26年的壮烈航程。

为了纪念这25位抗日阵亡将士，在金鸡湖对岸的牛头山顶，建有中山舰抗日阵亡将士纪念碑。25根剑指蓝天的雕塑柱，象征着在中山舰上英勇迎战日本军机、不幸阵亡的25名将士。这25根参天立柱，也与停驻在博物馆的中山舰遥相呼应。

传承爱国精神

金鸡湖早已褪去了战争年代的纷乱动荡，呈现一片安宁与静谧。目前的中山舰纪念园区由中山舰博物馆、中山舰抗日阵亡将士纪念园和游客服务中心三部分组成。

博物馆第三层陈列着出水文物。当年，随着中山舰整体打捞出水，5000余件（套）文物也得以重见天日，其中珍贵文物1716件（套）[含国家一级文物60件（套）]。在出水文物中，有保存完好的电报纸、装满汽水的玻璃汽水瓶、电取暖器、西门子电风扇，还有乒乓球拍、飞机模型、棋牌和"国光"牌口琴，生动展现了舰上战士们的文娱生活。此外，还有用于战斗的炮弹、子弹和步枪。在出水的"北伐军铭文步枪"上，"革命军为主义而战，不怕死不爱钱"这14个字依稀可见。虽然经过59年的江水浸泡、泥沙淘洗,依然能让人感受到当年中山舰将士誓死抗击日寇、为民族而战的英勇气概。

因中山舰所具有的特殊历史意义,中山舰博物馆每年都会迎来大批海内外游客,其中不乏各界名人和台湾友好人士。2017年11月,台湾国民党前主席洪秀柱赴中山舰博物馆参观。黄埔军校老将军、中华四海同心会等民间组织成员都曾专程从台湾赶来。

中山舰博物馆是湖北省爱国主义教育基地,2014年入选第一批国家级抗战纪念设施、遗址名录。除了红色教育基地外,这里还是武汉大学、中南民族大学等高校的实习与实践基地。为了与中山舰相呼应,馆内讲解员都身着仿海军军服式样的服装,显得英姿飒爽。

眼前伫立着的中山舰,仿佛在向世人无声讲述着中国近代海防和革命抗战的艰苦历程。中山舰经历的苦难、艰险、悲壮,被定格为舰体上的两处伤痕。而伤痕与苦难背后,展现的正是中华儿女百折不挠、自强不息的精神。

(何欣禹 文)

永丰铭文托盘和搪瓷杯

武汉市中山舰博物馆 供图

● 西门子电扇
武汉市中山舰博物馆 供图

● 缆绳发射器
武汉市中山舰博物馆 供图

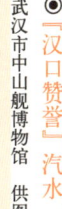
● "汉口赞誉"汽水
武汉市中山舰博物馆 供图

● 取暖器
武汉市中山舰博物馆 供图

长沙简牍博物馆

 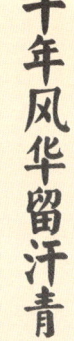

1996年，湖南省长沙市五一广场走马楼街一口古井中出土10万余枚三国孙吴纪年简牍，数量超过全国已出土简牍总和，引起海内外关注。这是继甲骨卜辞、敦煌文书之后古代出土文献资料的又一重大发现，被评为"1996年度全国十大考古新发现"与"20世纪百项考古发现"之一。

在整理、保护走马楼吴简的基础上，2002年，长沙简牍博物馆成立，2007年11月正式对外开放。这是全球唯一集简牍收藏保护、整理研究和陈列展示为一体的专题博物馆，2017年晋升为国家一级博物馆。其建筑面积1.41万平方米，基本陈列面积5000多平方米，主要藏品除了10万余枚三国吴简，还有1997年五一广场西北角发掘的数百枚东汉简牍、2003年走马楼出土的2000余枚西汉简牍和1993年发掘的西汉长沙王后"渔阳"墓签牌、封检、漆木器等文物3500余件。

为三国史提供重要资料

走马楼吴简是1996年10月在平和堂商厦建筑工地一个编号为J22的古井中发现的。这批吴简数量非常庞大,内容为孙吴长沙郡所属县(侯国)的行政文书,涉及司法、财政、赋税、户籍等方面,填补了三国史料之缺,对研究三国孙吴时期的经济关系、阶级关系、赋税制度、书法艺术及社会生活等具有十分重要的价值。

从先秦、两汉至魏晋时期,简牍在中国的使用时间有1000多年。作为中华民族一种独特的文字载体,简牍对于统一多民族国家的创立和巩固、中华文化的传播和继承,起到了重要作用。受中国影响,日韩等邻国也曾使用竹木作为书写载体。长沙简牍博物馆一层设有"文明之路"基本陈列,包括"三国吴简""中国简牍""世界文字载体""中国简牍书法"四部分,系统展现了中国简牍文化的传承,被评为"湖南省十年(2006—2015)博物馆精品陈列展览"。

走进序厅,四块由走马楼吴简放大而成的木牍跃入眼帘,让人对长沙吴简的形制有一个直观的印象。木牍旁边是一座对书俑雕塑,生动再现了中国古代简牍书写的情景。这件雕塑是仿照1958年长沙金盆岭西晋墓中出土的青瓷对书俑制作的,反映了西晋时

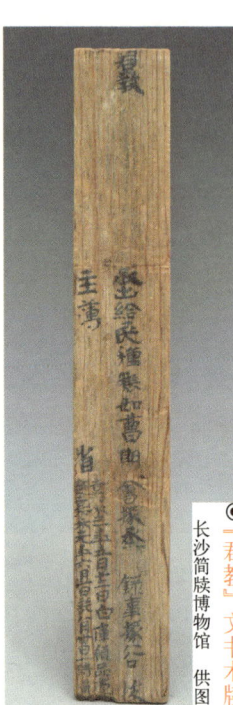

◉ "君教"文书木牍 长沙简牍博物馆 供图

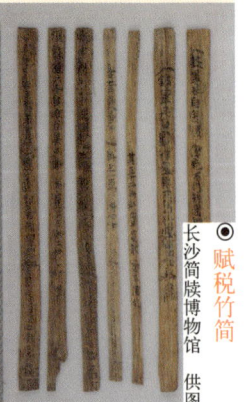

◉ 赋税竹简 长沙简牍博物馆 供图

期简牍仍是文字的主要载体之一。

公元229年，孙权正式称帝，国号吴。当时长沙在吴国境内叫临湘，是继建业和武昌之后吴国第三大军事重镇。长沙出土的吴简为了解三国历史提供了非常珍贵的资料。

长沙吴简的内容涉及政治、经济、军事、文化、地理、赋税、户籍、司法、职官、仓储等诸多方面。其中赋税是主要内容之一。从展柜陈列的赋税竹简中，人们可以了解孙吴吏民缴纳赋税的详细情况。

孙吴时期赋税主要征收钱、布、米、豆、皮，赋税名目繁多，光是米类就有税帛米、税中白米、杂限米、旧米、孰米、临米、渍米、盐米、种贾米、禾准米等。如果不是看到简牍上的记载，今人恐怕无法得知如此翔实的历史细节。

另一组展柜展现了长沙吴简的各种形制，有简、牍、签牌、封检、封泥匣等，其中竹简数量最多。牍多为木板，极少竹板。竹、木简牍多编连成册。

嘉禾吏民"田家莂"大木简也是该馆的重要藏品，共2400余枚，杉木质地。它是孙吴嘉禾年间长沙郡临湘侯国（县）田户曹史制作的一种莂券，记录了居住在当地的吏民租佃田地的数量，当年受旱与正常收获的田亩数，按规定缴纳米、布、钱的数

◉ 吴简签牌

长沙简牍博物馆 供图

◉ 里耶秦简展柜

长沙简牍博物馆 供图

目及缴付给仓、库的官吏姓名与时间等。

展厅里还以场景还原的方式呈现了简牍制作的工艺流程。简牍制作一般包括备料、片解、刮削、杀青（或上胶液）、编联等程序。为了便于书写和防止虫蛀，古人会将青竹片放在火上烤干水分，这一程序叫做杀青。南宋名将文天祥诗句"留取丹心照汗青"中的"汗青"，本意是指简牍制作的杀青这一工序，后引申为书册、史册。如今，人们早已不再制作简牍，但杀青一词流传下来，泛指著作完成。

集湖南简牍文物之大成

自20世纪50年代以来，湖南累计出土简牍20多万枚，是中国出土简牍最多、时代序列最完整、内容最丰富的地区。2018年11月，长沙简牍博物馆二层基本陈列"湘水流过——湖南地区出土简牍展"开展。该展览利用自身馆藏优势，发挥平台作用，集全省简牍文物之大成，首次全面系统地展现湖南简牍文化史。

中国迄今发现年代最早的简牍是战国时期的。湖南在战国时属于楚国，全国最早发现楚简的地方就在湖南长沙。1983年，湖南常德夕阳坡楚墓出土了两枚重要的楚简。简文虽短，却涉及战国时期楚、越、舒三国的历史以及楚国对兼并土地的管理方式,具有很高的学术价值。

秦在湖南一带统治时间十分短暂,相关文物出土很少。2002年,湘西龙山里耶发现3.7万余枚秦简,大大填补了有关秦代的史料缺佚。学者认为,里耶秦简是继秦始皇兵马俑之后秦代考古的又一重大发现,相关研究成果改变了人们对秦的既有认识。比如从未见于史书记载的洞庭郡,由于里耶秦简的发现而进入世人视野。

西汉初年,汉高祖刘邦封吴芮为长沙王。长沙国是汉廷防止南越国北犯的首道屏障。为笼络长沙,汉室下嫁公主为长沙王后。1993年,长沙市文物考古工作队(现为长沙市考古研究所)在望城坡古坟垸发掘"渔阳"王后墓。墓中出土的"长沙后府"封泥匣、"陛下所以赠物"木楬证明,墓主人的身份是汉朝的公主、长沙国的王后。长沙简牍博物馆藏有"长沙后府"封泥匣、"陛下所以赠物"木楬、锥刻"渔阳"漆耳杯、具杯盒等珍贵文物和记录随葬器物的遣册木楬等,通过生动的展陈语言,向人们讲述"渔阳"王后的故事及汉代丧葬仪节。

博物馆二层还设有吴简厅和晋简厅。通过各个时代的出土简牍,反映湖南地区的历史进程。

◉ "渔阳"凤纹漆耳杯

长沙简牍博物馆 供图

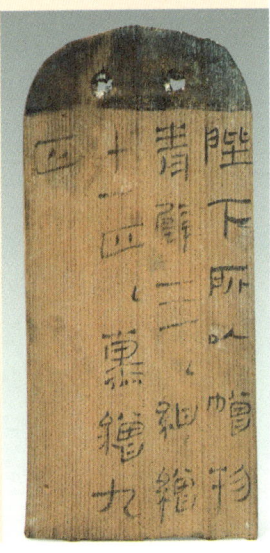

◉ 西汉"渔阳"王后墓"陛下所以赠物"木楬

长沙简牍博物馆 供图

工作人员进行竹简揭剥前的清理

长沙简牍博物馆 供图

推广弘扬简牍文化

　　走马楼吴简发现20多年来，长沙简牍博物馆秉持积极开放的态度，与国内外专家合作进行吴简保护整理和学术研究，取得丰硕成果。2004年，国家文物局批准实施"长沙走马楼三国简牍保护整理国家项目"，这是当时全国最大的可移动文物保护项目。2015年11月，该项目顺利通过结项验收。从揭剥清洗、脱水处理到修复包装、登记入库，吴简的保护整理程序十分复杂繁琐，技术难度也比较大。

　　博物馆里展示着刚出土简牍的照片。长期深埋淤泥中的简牍结成板块状，满身泥污，饱含水分，竹质严重腐朽，颜色深褐，字迹散淡。每剥取、清洗1枚吴简，需要40到50分钟，使用近30种工具，经过剥取、粗洗、中洗、精洗、脱色、脱水等多道工序，每一步都得小心翼翼，避免对吴简上的字迹有任何损伤。

长沙简牍博物馆已保护整理简牍近10万枚，出版吴简文献9卷、26册。通过吴简的整理保护，积累了大量成功经验，培养了一支优秀的简牍整理保护专业技术人才队伍，其经验成果《走马楼三国吴简保护修复报告》已于2017年结集出版。围绕简牍的保护与研究，长沙简牍博物馆先后举办了三次大型国际学术研讨会，获得良好反响。

推广传播简牍文化是长沙简牍博物馆的重要使命。自2008年免费开放以来，长沙简牍博物馆年均接待观众70万人次，其中未成年人占30%，境外观众比例达到10%，年均接待学术团体200多个。从2008年至今，主办"长沙市民文化遗产讲堂"100余场，吸引听众10余万人。简博俱乐部、简牍小课堂、小小"馆"理员等一系列品牌活动受到社会关注与好评。

如今，长沙简牍博物馆正在朝着"全国简牍收藏保护中心、简牍文化陈列展示中心、学术研究交流中心和简牍资料数据中心"的目标不懈努力。

（邹雅婷　文）

宁波博物馆

港城文艺"打卡"地

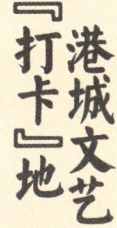

宁波博物馆

2008年12月正式开放的宁波博物馆,在全国上百家国家一级博物馆中属于特别年轻的。它位于浙江省宁波市鄞州区,总建筑面积3万平方米,由首位中国籍"普利兹克建筑奖"得主王澍设计,建筑本身具有浓浓的艺术气息。

宁波博物馆以展示宁波人文、历史和艺术为主,是一家富有地域特色的综合性博物馆,常设展览包括"东方'神舟'——宁波史迹陈列""'阿拉'老宁波——宁波民俗风物展""竹刻艺术——秦秉年捐赠明清竹刻珍品展"等。馆内藏品丰富,囊括了从史前河姆渡文化至近代以来的珍贵青铜器、瓷器、竹刻、玉器、书画、金银器、民俗等文物6万余件。

建筑本身也是展品

第一次到访宁波博物馆的游人,都禁不住驻足馆前流连、观赏。博物馆的建筑是王澍"新乡土主义"风格的代表作,将宁波地域文化特征、中国传统建筑元素和现代建筑工艺融为一体,造型

宁波博物馆 李安宁 摄

简约灵动而颇具创意，建筑本身就堪称是一件展品。博物馆外墙的直壁采用的是浙东地区常见的"瓦爿（pán）墙"，呈古旧的青灰色，仔细看还能发现砖瓦上当年烧制时留下的符号，仿佛让人回到了明清时期的江南古镇。

这些砖瓦绝大部分是宁波旧城改造时留下来的旧物，其中青砖数量最多，年代在明清至民国时期不等，甚至有部分是汉晋时期的古砖。

按每平方米 100 块砖瓦的使用比例，整个博物馆 1.3 万平方米的瓦爿墙需要 100 多万块砖瓦，用这些旧城改造时收购来的旧砖瓦，能节约一半以上的材料费，充分体现了循环利用这一中华传统美德。

除了大量使用旧砖瓦、陶片，博物馆的外观设计还运用了具有江南特色的毛竹，制成特殊模板混凝土墙，毛竹开裂后墙面上形成的肌理纹路清晰显现，别具一番风味。建筑外围铺有大面积的鹅卵石坪，点缀着长满芦苇、水草的湿地式水系，轻巧地写意着江南水乡的清幽。

在博物馆外，常能看到有游客拓印瓦片墙，考古出身的宁波博物馆馆长王力军忍不住会上前支招、指导。"博物馆是收藏记忆、收集历史的。"在王力军看来，人们愿意与博物馆的角角落落合影，就体现了文化认同感与亲近感。

越窑珍品折射港城文化

宁波博物馆藏有一件国内罕见的唐代秘色瓷荷花托盏，堪称越窑青瓷代表作。

该托盏为1975年宁波市和义路遗址唐大中二年纪年墓出土，包括茶盏和盏托两件套。茶盏造型犹如一朵盛开的莲花，口沿作五瓣花口弧形，外壁压出内凹的五条棱线，形成五个花瓣的界线效果。盏托中心内凹，刚好稳稳地承接茶盏，构成了一幅轻风吹卷的荷叶载着一朵怒放的荷花在水中摇曳的画景。

当时，越窑的主要窑场在越州的余姚、东钱湖、上虞一带。唐代中期，余姚县上林湖（今属慈溪）窑产品因质地超凡被朝廷录为贡瓷，并置官监烧。从晚唐起至五代时期，越瓷中的贡品又得了一个千古绝唱的"秘色瓷"称谓。

据宋代文献记载，相传五代时吴越国王钱镠（liú）命烧造瓷器专供钱氏宫廷所用，并入贡中原朝廷，臣下庶民不得使用，其

◉ 唐代秘色瓷荷花托盏 李安宁 摄

万工轿　章勇涛 摄

釉药配方和制作工艺秘而不宣,故称为"秘色瓷",属越窑瓷中最好的产品。宁波博物馆收藏的这件越窑青瓷荷花形托盏,造型精美、釉色清亮、如冰似玉,被鉴定为国家一级文物,无疑是越窑上品。

这件珍贵瓷器充分折射出唐代宁波佛教文化和茶文化的兴盛,证明了宁波是东西方文明交流的"海上丝绸之路"核心港口,也是最早接受西方文明的港城。

宁波博物馆还有一件宝贝,是制作于清末民初的宁波"万工轿"。轿高3米,长1.5米,宽0.95米,重量在200公斤上下,要8个大汉才能抬起。花轿的轿顶由5座大小不等的牌楼组成,称"五岳朝天",象征崇高之意。中亭顶上站着一个面目狰狞、手擎毛笔的"魁星点状元",象征文运昌盛。亭角是群龙舞首,飞檐翘角则为凤凰展翅。轿檐由刻着《三国演义》人物故事的16块朱金花板组成,每块花板下悬挂金银彩绣排穗,与朱金花板相互辉映。轿身围以麒麟送子、百子喜庆等彩绘玻璃,圆雕戎装跃马的各路护卫神祇布满上下。全轿共展示了300多个姿态各异的人物形象,雕绘精细,栩栩如生。据说制作这顶轿子需费一个工匠的一万个工作日,故称"万工轿"。

"万工轿"也是宁波著名的传统工艺——朱金木雕的代表作。朱金木雕工艺已有1000多年历史,其艺术效果主要来自漆工的修磨、刮填、彩绘和贴金,故有"三分雕,七分漆"之说。自明清以来,朱金木雕普遍应用于民间日常生活,如日用陈设、佛像雕刻、家具装饰,特别是婚嫁喜事中的床和轿。

让逛博物馆成为生活方式

什么是博物馆的核心价值?博物馆对现代都市人意味着什么?如何吸引公众多逛博物馆?从建馆至今,宁波博物馆一直在努力探索。

王力军认为,宁波博物馆是个年轻的馆,首先要有"大资源观",按照"天下文物资源为我所用"的思路,积极引进各种临特展,这也正是这座港口城市的海洋思维。在他看来,博物馆是一个城市文化和历史的浓缩,要"高大上"也要"接地气",让公众在润物无声中接受优秀文化的熏陶。

开馆以来,宁波博物馆秉持"百姓博物馆""休闲博物馆"理念,开展丰富多彩的文化活动,努力满足公众文化需求。从策展选题到服务设施,充分考虑公众所需,以舒适的方式为游客提供知识服务和浸入式游览体验,焚香、听琴、饮茶……为公众构筑起一种新的文化生活方式。宁波博物馆还推出大量富有创意的文创产品,受到市场欢迎。2014年,宁波博物馆被中国博物馆协会评为"全国最具创新力博物馆",同年获此荣誉的博物馆总共只有3家。

(方 敏 文)

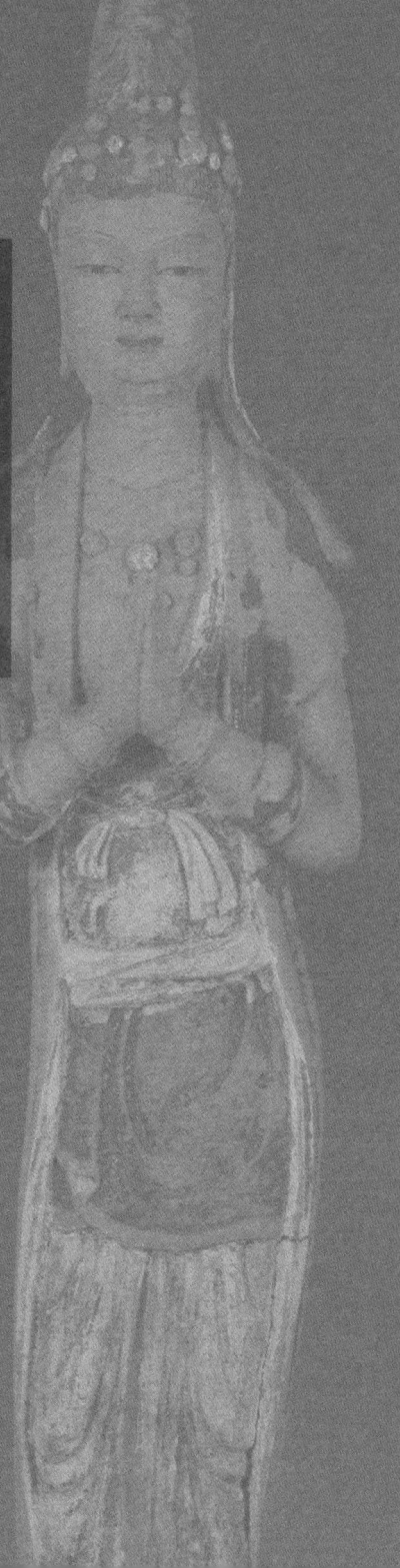

温州博物馆

感受温州领略瓯越文化"商魂"

温州博物馆

"十个温州人九个商,还有一个会算账。"提起温州人,首先想到的就是善于经商。走遍世界的温商,用他们的智慧和汗水将一个个财富梦变为现实。

温州,位于浙江东南部,古称东瓯国,《山海经·海南内经》有"瓯居海中"的记载。5000年来,勤劳智慧的瓯民创造了灿烂的文明,留下了丰富的文化宝藏。

在温州博物馆,通过一件件展品,解读"温州人"的文化基因,领略独特的瓯越文明。

东瓯古国 依山拓海

走进温州博物馆大厅,一座大榕树石雕巍然映入眼帘。大榕树是温州市树,粗壮的根节盘绕交错,寓意温州人勤劳务实、百折不挠、精诚团结的精神。中厅花岗岩壁面悬挂盘古开天、女娲补天、夸父追日等9幅中国古代神话故事的大型铜雕壁画,气势恢宏,表现中华文明的博大精深。

◉ 龙山石棚墓

温州博物馆 供图

　　馆内展区总面积1.2万平方米,其中2100平方米的历史馆展示"温州人"5000年历史足迹,另有书画馆、陶瓷馆、自然馆、工艺馆、王维新铜版画陈列室和临展馆等6个专题陈列区域。馆藏文物4.1万余件,包括陶瓷器、青铜器、彩塑、砖雕、漆器、书画等数十个门类,尤以陶瓷器、彩塑、书画为特色。

　　走进历史馆,首先看到的是距今4000年左右的新石器时代晚期大型岗丘型聚落遗址——鹿城区上戍乡曹湾山遗址的出土文物,主要是陶器,常见器型有豆、簋、圈足盘等。其中的豆,形似高足盘,是好川文化的典型器物。好川文化与今浙北苏南地区同属新石器时代晚期的良渚文化有着密切联系。

　　在展厅另一边,展示了新石器时代晚期至铁器时代早期的浙南石棚墓形态。这种用天然的巨大石块搭建的墓穴,在欧、亚、非、南美各国沿海地带都有出现,显示古代温州与沿海诸文明有着某种神秘联系。石棚墓里出土的扁方形石锛(bēn)与日本、韩国同类石锛一致,反映当地在商周时期乃至更早就已通过海上交通与域外文明有着频繁交往。

　　依山拓海是温州的地理区位特征,也是瓯越文化的基石,它造就了温州人守土与冒险的双重性格。"平安二字值千金,冒险半生为万贯",是多数在外经商的温州人的真实写照。

在展馆一角,还有一件刻着飞龙形象的石雕。石雕上的飞龙昂首瞋目,腾云驾雾,威武雄奇。这件石雕原本是温州华盖山麓建于清代的东瓯王庙上的构件。

东瓯王庙,是祭祀东瓯王的场所。春秋时期,越王勾践灭吴后,封其子弟为诸侯王。专家们一般认为,公元前472年,诸侯王的一支建立东瓯国,境域包括今温州、丽水及台州一部分。秦统一后,废东瓯国。汉惠帝三年(公元前192年),驺摇因助汉灭秦有功,被册封为东海王,俗称东瓯王,建都东瓯。

东瓯国是温州历史上第一次明确记载的行政建置,为此后2000多年温州行政区域建置奠定了基础。东瓯王则被奉为温州的人文始祖。

百工之乡 瑰宝荟萃

在工艺馆一座座彩塑佛教造像前,许多参观者正举着手机拍照。这些佛像或坐或卧,体态匀称,神情优雅,造型动人。温州博物馆副馆长高启新介绍,这些佛教造像出土于温州白象塔,是塔内出土文物中最有价值的艺术珍品。

1965年,始建于唐贞观年间、北宋政

◉ 北宋彩塑菩萨立像
温州博物馆 供图

和五年（1115年）重建完工的白象塔塔身倾斜严重，几近倒塌。考古工作者拆塔时清理出大批佛教文物。这些佛教文物种类丰富，极具特色。其中，塔身壁龛内出土的42尊北宋彩塑文物是宋代佛教的典型造像，在历史、科技、艺术方面具有极高的价值。

这些造像的风格一改唐代雍容富丽的特征，呈现世俗朴实自然的风貌，具有宋代彩塑的典型特征，其制作工艺也体现了"瓯塑"的地方特色，堪与晋祠彩塑造像相媲美。

温州被称为"百工之乡"。近900年前，宋室南渡，偏安江南。赵宋皇族与大量中原人士蜂拥入浙，温州人口迅速增至百万。大量人口涌入促进了当地手工业与商品经济的巨大发展。在造纸、印刷、漆器、瓷器等诸多领域，温州人以技艺精湛高超名扬全国。

白象塔中出土的北宋《佛说观无量寿佛经》残页是现存最早的活字印刷本，是温州活字印刷技术发展的见证物。古代温州印刷业十分发达，南宋绍兴四年（1134年）刻印的《大唐六典》被定为国子监官方名版书，内列11位温籍刻工姓名。

瓯窑是我国最早的青瓷瓷窑之一。东汉晚期，在长期烧制印纹硬陶和原始瓷的基础上，瓯窑工匠已能烧制出成熟青瓷。

魏晋南北朝时期，瓯窑制瓷技术趋于成

北宋活字印本《佛说观无量寿佛经》残页
温州博物馆 供图

熟,并逐步达到繁盛,产品种类丰富,造型和装饰艺术独具风韵,形成了与众不同的釉色风格。

馆中陈列的北宋瓯窑青釉褐彩蕨草纹执壶,是目前瓯窑唯一一件国宝级文物。壶盖呈宝塔形,腹部形似瓜棱,细长扁曲的壶把上模印缠枝花纹和联珠纹,花纹之间印有"七何"二字,可能是制作工匠的名字。壶通体施淡灰绿色釉,光洁润泽,线条流畅,秀逸典雅。

"海丝"重镇 商贸繁荣

"一片繁华海上头,从来唤作小杭州。水如棋局分街陌,山似屏帷绕画楼。"宋代杨蟠的诗描述了古时温州城乡景象。两宋时期,温州一跃成为东南沿海重要的商贸城市,繁华程度堪比被称作"人间天堂"的杭州。

在工艺馆内,一个刻着"上牢"字样的戗金细钩填漆长方盒颇为精美。温州漆器在两宋时享有盛誉。孟元老《东京梦华录》和吴自牧《梦粱录》记载,北宋都城开封和南宋都城临安都设有专卖温州漆器的商铺,说明温州漆器在当时的市场占有率是比较大的。"上牢"意指产品非常坚固,属于商品广告,说明此时的温州商人已经具备广告意识。

北宋瓯窑青釉褐彩蕨草纹执壶
温州博物馆 供图

◉ 戗金细钩填漆长方盒。盖内有『庚申温州丁字桥巷廨七叔上牢』铭文

温州博物馆 供图

"海上丝绸之路"在宋元时期已经兴盛，温州就是"海上丝绸之路"中一个重要的港口城市。青瓷、漆器、丝绸和印刷品在海外贸易中占有较大比例。在展馆另一头，1988年出土于洞头区东屏后垄第三药厂工地的元代龙泉窑瓷杯、瓷碗等吸引了不少人参观。这些瓷器有一个共同的名字："海捞瓷"。

历史上，温州港作为亚、非、欧海运往来的重要枢纽，是中外商船必经之地，一些商船因故沉没，所载瓷器打捞出水后统称为海捞瓷。博物馆展出的这批海捞瓷以晚唐五代至元代的瓯窑、龙泉窑为主，它们造型优美，制作精良，堪称瓷中上品。

贸易繁盛的温州孕育了"经世致用"的社会文化。两宋时期，发源于温州的永嘉学派提倡事功之学，与朱熹"理学"、陆九渊"心学"鼎足而立，成为中国思想史上的重要流派。叶适是永嘉学派的集大成者。

温州博物馆收藏的南宋龙泉窑青瓷叶适墓志，1940年出土于鹿城区慈山叶适墓。它正面及边缘施青绿釉，玻璃质感强，釉面有冰裂纹，上书篆文"大宋吏部侍郎叶文定公之墓"。这块墓志成为研究永嘉学派的重要史料。

在永嘉学派事功思想熏陶下，温州人养成了务实进取、开拓创新的性格，注重民生日用，重视商品经济，使温州成为"其人善贾，其货纤靡"的商贸重镇。改革开放后，温州成为中国市场经济的重要策源地，温州人也成了"敢为天下先"的代表。温州博物馆里精美的展陈，让观众得以走进温州人的精神世界，感受温州人不甘现状、拼搏不息的"商魂"。

（王丽玮 文）

- 海捞瓷—青釉菊花纹碗 温州博物馆 供图
- 海捞瓷—青釉高足杯 温州博物馆 供图
- 南宋龙泉窑青瓷叶适墓志 温州博物馆 供图

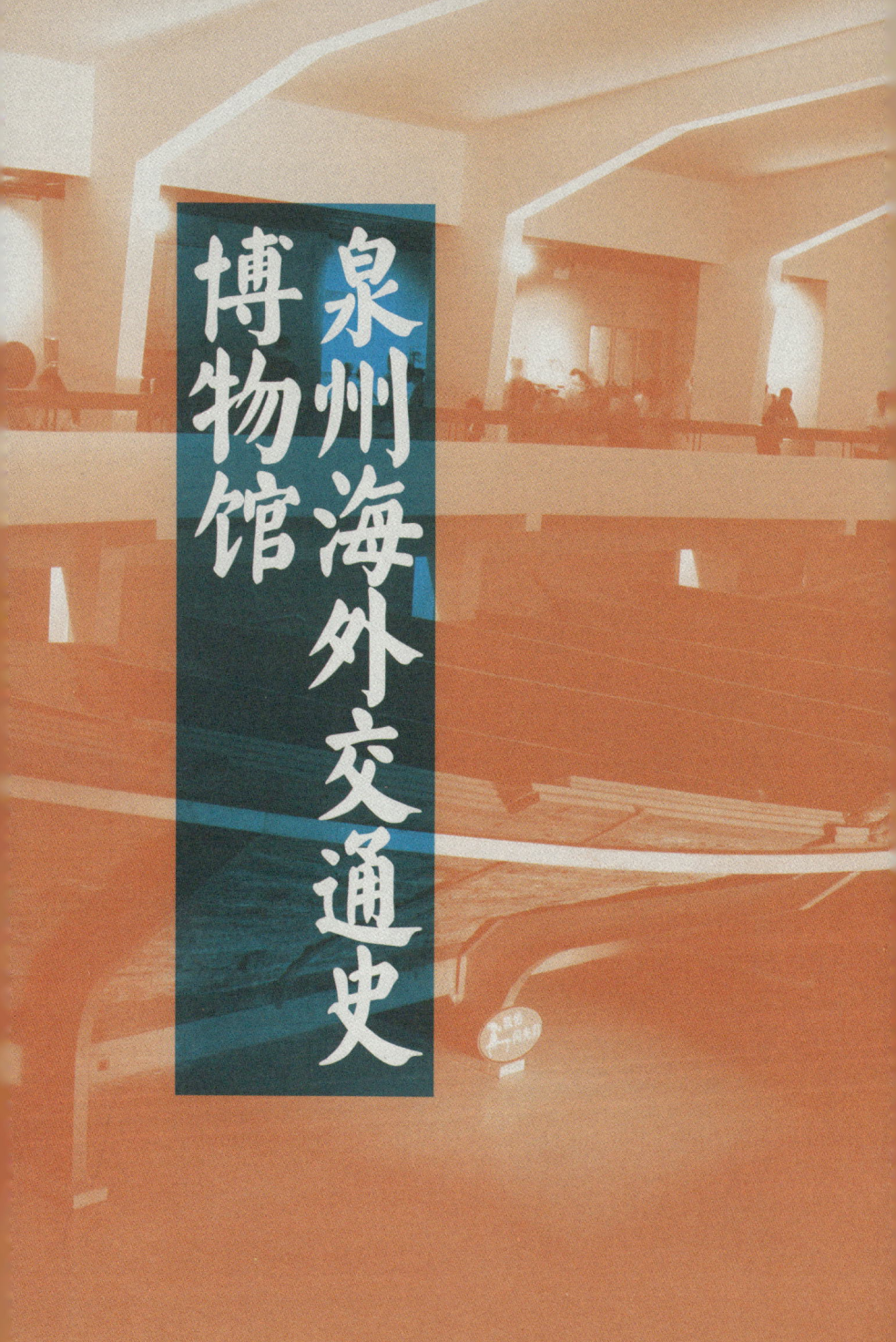

泉州海外交通史博物馆

面向海洋的科技人文之光

泉州海外交通史博物馆

"市井十洲人""涨海声中万国商",说起泉州,怎么都绕不开海洋这两个字。

作为海上丝绸之路起点、宋元时期东方第一大港,泉州在海洋交通、贸易和文明交融上,保留着不少历史遗存,有着丰厚的"家底"——泉州湾出土的宋代沉船及大量古代锚具,宋元时期外国侨民在泉州经商、传教及其后代遗留下来的数百方石刻,200多艘中国历代各水域的代表性船模,各个时期的外销陶瓷器,等等。这些文物均藏于泉州海外交通史博物馆(以下简称"泉州海交馆"),见证着泉州港当年的辉煌。

1959年建立的泉州海交馆,是中国第一座反映古代海外交通历史及由此引发的各种经济、文化交流的海事博物馆。它的成立,不仅标志着中国航海交通历史开始进入博物馆这个神圣的殿堂,更为世人展示了悠久灿烂的中华海洋文明和面向海洋的科技、艺术、人文之光。

见证古代中国

俗话说"南船北马""南舟北帐"。船之于海洋,正如马之于平原、帐房之于草原。

提起泉州海交馆的镇馆之宝,当然要数"泉州湾古船陈列馆"里那艘700多年的宋代古沉船。1973年,一位老船工报告,在泉州湾后渚港附近的海滩下,发现一艘不知年代的沉船。古船就此惊现世界。

这是一艘13世纪建造的福建远洋木帆船,残长24.4米,残宽9.15米,船体以二至三层板叠合而成,分为13个隔舱,保存有头桅和中桅杆座,船尾有直径38厘米的舵孔,取材杉、樟、松木。复原长度可达34米,宽11米,载重量200多吨。

经专家考证,这艘远洋海船是由东南亚归航的香料船,船舱出土的遗物有香料、药材、木货牌(签)、铜铁钱、陶瓷器等14类,均为国家一级文物。它们有如一个巨大的历史信息宝库,展现着那个时代中国人驾驭海船驰骋于浩瀚海域的能力,以及通过航海促进各大洲经济、文化交流的风采。

宋代古沉船全景及内部场景图 泉州海外交通史博物馆 供图

　　虽然时光已过数百年，今天，从沉船中发掘的木签上，我们依旧可以辨识出当年兴盛的商号；从一枚枚象棋上，我们可以想象当时船员休息时下棋娱乐的日常生活；船上还发现了顶部和腰部钻有两孔的椰子壳，顶部孔径4.8厘米，腰部孔径约0.8厘米，专家判断它是一种用于计算时间的"水时计"。

　　还有更多中国造船技术的伟大发明和创造，在这艘沉船上得到印证。比如船上采用的"水密隔舱""鱼鳞搭接""多重船板"技术，便是当时高超的造船工艺的直接反映。以水密隔舱为例，它在中国的运用始于唐代，比欧洲早了1100多年。正是这些先进工艺，为当年繁盛的海上交通运输提供了强有力的技术保障。

　　1984年，世界著名科学家李约瑟博士参观这座古船陈列馆后，曾兴奋地赞叹："这艘古船是中国自然科学史上最重要的发现之一！"迄今为止，这艘宋代古沉船仍是世界上发现年代最早、规模最大的木帆船。

体现多元文化

时称刺桐港的泉州，是元代重要的外贸集散地。

1291年，意大利旅行家马可·波罗在自己的游记中写道："刺桐是世界上最大的港口之一，大批商人云集这里，货物堆积如山，的确难以想象。"

在马可·波罗写下游记后的35年，安德烈·佩鲁贾也在泉州写了一封信寄往他的故乡意大利。安德烈·佩鲁贾是元朝时罗马教皇派到泉州的第三任主教，1332年长眠于刺桐城。他的墓碑至今仍保存在泉州海交馆，并于1992年在意大利热那亚的世界博览会展览过，为全世界了解元代泉州的宗教情况，提供了十分可信的资料。

在信上，主教安德烈不仅盛赞刺桐城的繁荣，还讲述了许多鲜为人知的重要历史事实。他提到，一个非常富有的亚美尼亚妇人，在刺桐城建了一座大教堂，还捐赠巨资来维持教堂的一切开支。他提到，在这个大帝国境内，各国人民都能自由居住，并信仰各自的宗教，他们这些传教士也能够在这里自由传道。他还提到，刺桐城有不少犹太侨民，而且他们一直信仰着自己的犹太教。

正如他所言，多元宗教文化的共存与融合，向来是泉州作为东方第一大港，以海纳百川的胸怀迎接八方来客的重要体现。泉州素有"宗教博物馆"的美誉，宗教文化兼容并蓄，在泉州海交馆内尤其展现得淋漓尽致。

泉州海交馆的"泉州宗教石刻馆"现存500多件宗教石刻，展馆分伊斯兰教、古基督教、印度教、摩尼教四个部分。这其中，以伊斯兰教遗物最为突出，其数量之多、内容之丰富，居全国第一。此外，泉州海交馆还收藏印度教石刻达137方，不仅数量繁多，而且是我国唯一发现的印度教寺遗物，其雕刻艺术之精美冠绝诸教，堪称宗教艺术文化的瑰宝。

如"完美的毗湿奴造像"，这尊造像刻画出印度教三大主神之一毗湿奴端庄而又神秘的姿容、匀称而有力量的躯体、宽阔的肩部和健壮的体魄，处处表现得非常完美。经过比较研究，这尊毗湿奴造像的大小、姿态和饰物，与收藏在印度摩杜罗博物馆的神像简直一模一样。与印度勒克瑙博物馆所保存的公元10世纪的作品，在雕刻艺术风格和装饰方面，也有着惊人的一致，堪称泉州中世纪石刻艺术精品。

抓住发展机遇

从1959年成立至今，泉州海交馆通过水下考古、窑址发掘、抢救民俗文物、侨乡普查、抢救伊斯兰墓石群等方式，获得了一大批珍贵文物与资料。研究人员围绕馆藏文物与海上丝绸之路文化，在宗教石刻、古船与航海科技、外销陶瓷史、泉州港史、海外移民以及博物馆学等方面，都有突出成果。

1993年5月，中国海交史研究会和泉州海交馆联合创办了"中国古船模型研制中心"。在随后的几年中，中心的研究人员复原了上百艘历代各种著名船型，使泉州海交馆成为全国乃至国际上拥有中国船模最多的博物馆。

2008年5月，泉州海交馆被国家文物

◉ 基督教四翼天使石刻

泉州海外交通史博物馆 供图

◉ 印度教毗湿奴石雕立像

泉州海外交通史博物馆 供图

局评为"国家一级博物馆"。走过60余年,海交馆如今已拥有新、旧二馆,总占地面积3.5万平方米、建筑面积1.73万平方米、陈列面积1.1万平方米,辟有"刺桐——古泉州的故事""泉州湾古船陈列馆""泉州宗教石刻馆""中国舟船世界""阿拉伯——波斯人在泉州陈列馆"等固定陈列及2个预约开放展览——"庄亨岱藏品馆""泉州海交民俗文化陈列馆",成为中国海外交通史的展示中心和研究基地。

2013年,国家主席习近平提出建设"一带一路"倡议后,国内外各界人士了解中国古代海上丝绸之路历史文化的兴趣更加浓厚,到泉州海交馆参观的人数也大幅增长。

除了吸引境外游客"走进来",泉州海交馆还积极开展海外展览活动,平均至少每年一次外展,已先后在意大利、新加坡、葡萄牙、沙特阿拉伯、马来西亚、坦桑尼亚等国家办过专题展览。

身处知识化、信息化时代,同时也是博物馆事业大发展的时代,泉州海交馆积极转型,从最初侧重学术研究转为以学术研究为前提、宣传教育为目的的博物馆。这几年,海交馆推出数字博物馆、微信公众号"泉州海外交通史博物馆"和科普订阅号"博物馆文学菌",以生动有趣的方式传播博物馆资讯。

(郑娜 文)